レファレンスと図書館
ある図書館司書の日記

大串夏身

はじめに──相談係の１日

　おはようございます、相談係です。

　相談係の１日は、電話のベルの音ではじまる。それから１日、電話・カウンターでお客様、つまり利用者の相談質問を聞いて調べ回答する仕事に走り回ることになる。時には、文書による相談質問の回答のために調査することもある。

　相談係では、１年間に６万件の相談質問を処理していた。担当する図書館司書は、10人。１人６千件を処理していたことになる。

　図書館は、９時半に開館する。その前に、１日の準備をする。午後５時から夜８時まで担当する人（「遅番」と呼んでいた）を除いて、８時半には集まって、簡単な打ち合わせをする。連絡事項として、図書館全体や参考課に関わるものが、室長から手短に話があって、必要なものは意見交換をして、次に、前日相談質問を受けて調査していて、今日、利用者が電話をかけてくるものにどんな内容で何時にかかってくるか確認し、ほかになければ、すぐに室内に散って、閲覧室を点灯して、コンピュータの端末のスイッチを入れ、カウンターの周辺に乱雑に置いてある前日使ったレファレンス・ブックを本棚に戻したり、利用者が利用して返却箱に置いていった本を本棚に戻したり、他室のものは、本を送るリフトで当該の部屋に送る。それらが終わると本棚に行って、整架をする。この整架は、本を覚える良い機会だ。整架をしながら本の背の書名を見て、ここにこんな本があるのかと思いながら、整架をすすめる。図書館に勤め始めたときに、先輩司書から、「一人で覚えることができる本の数は、5000冊だ、君も覚えるようにしたまえ」と言われたことがあったが、ともかく本の背を見て書名を頭に入れ、本の背の色や特徴

なども同時に頭に入れる。別に室員のひとりが事務室に残って、ローテーション表の作成をする。

ローテーション表の作成は、皆が持ち回りで作成する。担当した者は、会議など各人の条件を考慮して、カウンターと電話3本の担当を1～2時間ごとに、上手に室員に割り振っていく。もっとも、10人全員が揃うことは滅多にない。月曜日と、他に月1日の整理休館日以外は開館しているので、休みは交代でとるからだ。

ローテーションはできるだけ変化に富んだ組み方が望まれていた。朝からずっと電話番ばかり担当するというのは、いけない。それに少し油断すると、昼12時から午後1時までカウンターを担当した人が、引き続き1時から電話の前で頑張っていることになっていたりする。

9時半少し前になると、かわるがわるローテーション表をのぞきこんで、今日1日がどんな日になりそうか予想をたてる。

9時半になると、待ちかねたかのように電話が鳴る。あとは、戦場のような騒ぎで、特に火曜日は電話が多く、いつも誰か話をしていて、調査のために歩き回り、端末の前でキーボードをたたいていて、合間に電話が鳴り、気ぜわしく時がたっていく。

ローテーションに入っていないときには、図書館で独自に作成している書誌・索引類のカードをとったり（当時、東京都立中央図書館参考課で作成していた書誌・索引類は40前後はあったと思う。これらは、調査するときのツールとして活用されていた）、コンピュータにデータを入力したり、インフォーメーション・カードや質問記録票を作成していた。協力貸出の本を書庫に探しに行ったり、整理が終わった新しい資料で、整理担当から運ばれてきたものを、点検する。

時間には正確であることと、何を調べているか誰にでも分かるようにする努力が要求された。ひとつのことにのめり込んでしまって

時を忘れたなどということは、許されない。交代のために、5分前に、次の担当のところに何はともあれ、駆けつけなくてはならない。調査途中の相談質問の引き継ぎがあるからだ。ひとつの質問でも、担当の時間が終われば、次に担当する人に相談質問を引き継ぐ。調査の途中であっても、引き継ぐ。特段に興味をひかれて、続けて調べてみたいと思うことでも、引き継ぐ。一カ所で渋滞すると、次々と渋滞して、ローテーションが崩れてしまうからだ。受け付けた人が、そのまま抱えて電話番をやったり、事務時間に入ったりすることはあり得ない。そんなことをしたら混乱してしまう。誰が何をやっているのか分からなくなってしまう。室員はいつも自分がやっていることを、ほかの室員にも分かるようにしておくことが必要だ。つまり、今誰が何を調べているか分かるようにしておくことが必要なのだ。分かっていれば、他の室員も協力した方が良いと判断したときは、手伝えるし、いくつかに分けて調べた方が良いものは、分担もできる。特定のことをよく知っている室員がいれば、その室員に任せることも可能だ。臨機応変、あうんの呼吸で協力が出来るようにしておくことが、質の高いサービスを実現する条件だ。平日は、11時頃、遅番担当が出勤してくる。夜8時過ぎまで勤務する要員だ。

　昼休みは、12時からと1時からとで分かれてとる。弁当か、弁当でない者は、5階の職員食堂で取る。あとは気ままに過ごすことになるのだが、私は、気が向くと国立国会図書館の所蔵目録や、その他の書誌・索引類を読んでいた。これは、最初に社会科学室に勤務していたとき、職員食堂で食事したあと、職員休憩室に行って、テレビのバラエティ番組を見て笑っていたら、ベテラン司書から「大串君、こんなところで笑っていてはダメだ。テレビを見て笑うくらいなら、国立国会図書館の所蔵目録を読みなさい。それも小説を読むように読むんだ。」と言われたことがあって、それ以来、気分が向いたときは出来るだけ所蔵目録などの書誌索引類を手にする

ようにしていた。「小説を読むように読む」と言われたときは、冗談かと思った。目録など読んで面白いものかなあ、と思いながら、何でも知っている博覧強記、質問で分からないことがあれば、何でもすぐに教えてくれていた先輩司書（先輩司書は皆新米の司書だった私にとっては神様のような存在だった）の言葉だったので、少しは聞いておくか、という感じで、国立国会図書館の所蔵目録を読み始めたものだった。

（ところで、読み始めてからしばらくした頃、意外と面白いことに気が付いた。注記や内容細目を読んでいくと、本の背からは分からないことがいろいろ分かってきた。それと、自分の勤務する都立中央図書館の本棚にも置かれた本が結構あって、所蔵している本は、背文字がイメージできるので、いつのまにか本棚が見えてきた。それもある本は、本の背中が、ない本は灰色のままでだ。国立国会図書館の所蔵目録にあきると、次は、大英博物館の日本語図書の目録を開いてみた。それからつまみぐいのように、いろいろな所蔵目録や書誌索引類を覗いていった。東京大学史料編纂所の所蔵目録には、注記で、この文書は偽文書という記述まであって、これは何を基準にして偽文書と判断したのかしら、と同時に、偽文書も図書館は所蔵しておくのだ、これは歴史的な事実の一つなんだと、思った。アメリカ議会図書館の所蔵目録も面白かった。注記に結構いろいろ書いてあり、なるほどこの本はそうしたものかと思ったりした。）

電話が、午後1時から3時まで、少し静かになる。3時すぎるとまた騒がしくなる。午後6時頃、テレビ局やラジオ局から、やっかいな電話が入ることが多かった。ある事項について早急に調べてもらいたいとか、これからカメラマンを連れて行くから、図版を揃えておいてほしいなどというものだ。とにかく、早く早くなのだ。なぜそうしたことを調べる必要があるのか、こちらからは聞かないので、調べて回答して、記録票に書き留めたあと、忘れた頃にテレビ

を見ていると、クイズ番組で、調べた事項に関係した問題を出演しているタレントがまゆをしかめて考え込んでいるシーンに出会ったりした。

　5時以降は、カウンターと電話番、それぞれ一人しかいないので、事務時間の人に応援を頼むわけにもいかず、こちらも早く片づけたいと頑張るのだが、なかなかうまくいかないことが多かった。

　平日は、7時45分に退館をうながす放送がある。（土曜日、日曜日は、4時45分だった。）すると、ああやっと今日も終わりかという気分になって、窓を閉め、書庫に鍵をかけ、忘れ物がないか、閲覧室や書架の間を見て回り、統計をとって、日誌をつけ、8時すぎに利用者がいなくなったのを確認して、やっとお疲れさまでしたということになる。

　こうして書いてしまうと、何ということもないのだが、実際に仕事をしてみると、なかなか大変、それだけに面白い、やりがいがあった。

目　次

はじめに──相談係の1日 …… 3

ある図書館相談係の日記
　はじめに …… 10
　1988年（昭和63）9月 …… 13
　　　　　　　　　10月 …… 55
　　　　　　　　　11月 …… 92
　　　　　　　　　12月 …… 119
　1989年（昭和64／平成元年）1月 …… 132

文献・情報の調べ方 …… 162

思い出に残るレファレンス相談質問事例
　東京室での事例から …… 167
　社会科学室での事例から …… 172
　特別区協議会調査部での調査事例から …… 174

解説対談　レファレンスの理論と実践、そしてこれから
　『ある図書館相談係の日記』成立前史 …… 181
　「でもしか司書」からの脱却 …… 184
　貸し出しとレファレンスの質的な違い …… 186
　商用オンラインデータベースが登場した時代 …… 187
　レファレンスは図書館の存在意義の要 …… 188
　「ある図書館相談係」の日々 …… 190
　現場のレファレンスは「ジグザグ」している …… 192
　東京都立図書館の先輩・同輩たち …… 195

『ある図書館相談係の日記』の反響 ……………………199
書誌調査と事実調査 …………………………………… 200
図書館には多様性があっていい ……………………… 203
日本文学学校のこと …………………………………… 205
いろいろな「図書館本」を作る ………………………207
「チャート式」はどうしてできたか …………………210
名作ビデオ『図書館の達人　司書実務編』………… 211
大学での仕事 …………………………………………… 213
これからのレファレンス ………………………………214

参考
東京都立中央図書館参考課相談質問・回答件数 ……………219
東京都立中央図書館資料部参考課回答事務処理基準とマニュアル
……………………………………………………………………221
東京都立中央図書館資料部参考課回答事務処理基準
　（昭和59年6月26日　59中資参第51号）……………223
東京都立中央図書館資料部参考課一般参考室回答事務処理マニュアル
　（カウンター・電話の質問受付部分）………………………226
東京都立中央図書館のレファレンスサービス関連図書・論文等
……………………………………………………………………233
補　大串夏身著のレファレンスサービス関係
　　おもな図書一覧 ……………………………………………238

索引 ………………………………………………………………242

ある図書館相談係の日記

はじめに

　これは、私が勤務していた東京都立中央図書館の相談係（「一般参考室」と当時言っていた）での相談業務、すなわちレファレンスの質問・回答の個人的な記録である。東京都立中央図書館には、都民、企業、区市町村立図書館をはじめ、全国、ときには外国からも質問が寄せられる。そうした質問は、相談係が受けているだけで年間6万件を数えていた。

　レファレンスとは、図書館が都民の調査・研究の過程で生まれた疑問、問題などの解決を援助するサービスで、近年、情報化社会、生涯学習社会の到来がうたわれるなかで、注目されているサービスの一つである。

　質問の内容は、日常生活の中で感じたちょっとした疑問から、仕事上の調査、学問の研究など、多岐にわたっている。あらゆる分野に及んでいる。

　こうしたレファレンスの質問・回答の実態はほとんど知られていない。こうしたサービスが行われていることさえ知らない都民は少なくない。まして、その実態となると、当の図書館員ですら知らない人がいるくらいだ。一般の人は、全く知らないと言っていいだろう。

　この本は、そうした事態を明らかにするものである。期間は、1988年9月から89年1月までの5ヵ月間である。時期としては、やや旧聞に属するものの、実態を初めて明らかにするという意味で、内容の新鮮さはいささかも失われていないというべきだろう。

思い返せば、この時期は、ちょうど昭和天皇の病が篤くなられた時期と重なる。都民から、盛んに関係の相談・質問が寄せられた。なかには、自分がどうしたらいいだろうというものまであった。これは、図書館が、常に社会に動きとともにあることを示すよい例であろう。

　文章化に当たって、メモをできるだけ、ありのままに再現するようにつとめた。そのときどきに感じたことも率直に書いてある。中には、調べ方が不十分なものもあるが、それもそのままにしてある。それは、ありのままに仕事の記録を再現したいという意図を込めているからである。

　相談係では、電話は一年間にならせば、8分か9分に一度鳴っている計算になる。カウンターはそれよりやや余裕がある。それでも並んで待っている人がいる。こうしたなかで、ひとつの質問の処理は、数分で行わなくてはならない。そのために、あとで検討してみると十分でなかったことはしばしばである。

　都立中央図書館は、専門的な質問は専門の資料を提供・管理している室で回答することになっている。そうした質問には、時間をかけている。そこでは、ここに書かれているよりもっと専門的な調査と回答が行われている。

　なお、プライバシーに関わるものは除いた。また、ここに記された意見は個人的な意見であることもお断りしておきたい。

　最後になったが、当時、相談係でともに仕事をし、教え、助けていただいた宍戸寛係長をはじめとする皆さんに感謝をささげたい。

1993年12月

著　者

凡　例

・質問は、原則として「？」を文章末に示して、ほかのものと区別した。質問の中の書名は、あやふやなものが多いので、「」で括った。
・検索・調査の結果判明した文献は、図書と年刊の書名は『』、雑誌論文名は「」で括った。掲載雑誌名は『』で括っている。文献目録からの引用にあたるものは、文献目録の記載にしたがった。
・レファレンス・ブックは、初出の場合のみ書誌事項を記載した。

復刊に際して、以下の点を改めた。

・新たに索引を付した。
・各質問の「電話」「カウンター」の見出しに、①②③……と、その日付の中で通し番号を振った。索引からの検索のためのものである。詳細は索引ページの説明を参照されたい。
・底本の「レファレンス・ブック一覧」は割愛した。

1988年（昭和63）

9月2日（金曜日）　晴れ

　朝から電話、午後1時からカウンター。

　前日休館したためか、朝から猛烈な電話。この時期は大学の新学期のはじまりが近いためか、学生からの質問が多い。

電話①：トマス・ハーディの「息子に拒まれて」がないか？　という若い女性。

　この種のものは大体、学生の英語のテキスト。「息子に拒まれて」というのがあまりに直訳調なので、これは誰かの訳かと聞くと、自分で訳したものだという。原題は何か聞くと、"The son's veto"だという。

　『翻訳図書目録』77/84（日外アソシエーツ　1984年）422ページをみると、

> T・ハーディ著　The son's veto：A changed man（息子に拒まれて：変わりはてた男）渡部昌訳注　南雲堂　'78.11 93p 19cm（英和対訳・学生文庫・37）500円

の記載がある。これは、書名カードと電算の端末で調べてみたが、所蔵していない。

　『東京都立中央図書館蔵合集収載翻訳文学索引　1945-1975』（東京都立中央図書館　1977年）を調べると176ページに

> 許されぬ願い　田代三千穂訳　筑摩書房　1967（世界文学全集30）The son's veto

とある。『世界文学全集』第30巻（筑摩書房　1967年）の所蔵

を調べて、ついでに『明治・大正・昭和翻訳文学目録』国立国会図書館編（風間書房　1959 年）をのぞくと、405 ページにたくさんある。例えば、次のごとくだ。

　　息子の拒否　八木隅雄　河出書房　昭29　河出文庫　幻想を追う女ノ内　The son's veto
　　息子の反対　石川秀郎　泰文社　昭4　生の小さき皮肉ノ内　The son's veto
　　許されざる願ひ　森村豊、大宮健太郎　森田書店　大15　ハアディ短編全集 1 輯ノ内　The son's veto

など 7 件もある。タイトルの翻訳がそれぞれ違う。収録されている図書の、つまり『幻想を追う女』『生の小さき皮肉』『ハアディ短編全集』第 1 輯などの所蔵を調べて、調査の過程と結果を回答する。
電話②：バージニア・ウルフの「モダンフィクション」はないか？
　これも若い女性。
　『東京都立中央図書館蔵合集収載翻訳文学索引　1945-1975』を調べても出てこない。これは、詩、戯曲、小説が中心なので、こうした評論は収録されていないのかもしれない。著者名カードで"ウルフ、バージニア"を見る。カードを根気よく繰っていくと、『世界批評大系』5　編集：篠田一士［等］（筑摩書房　1974 年）に「現代小説」という評論が収録されていることが「内容細目」からわかる。これかもしれないと、人文科学室に電話して、現物で原タイトルを確認してもらうと、23 ページに「このエッセイ Modern Fiction が最初に発行されたのは……」とあるから、これに間違いないだろうというので、『世界批評大系』5 に収録されていると案内する。
　「内容細目」とは、論文集などの場合、個々の論文名と著者を「内容」として、出版事項つまりページ数や大きさなど出版に関す

る事項のあとに記載しているもの。大変便利なもので、都立中央図書館は、それだけ人手をかけてサービスしているということでもある。

電話③：総理府が出した「暮らしと流通に関する世論調査」と総合研究開発機構が出版した「新聞にみる社会資本整備の歴史的変遷 昭和期」を所蔵していないか？

　調べてみるが、両方とも所蔵していない。「申し訳ありませんが所蔵しておりません」と答えると、エッ！　本当ですか？　総理府に問い合わせたら、そちらに寄贈しているので、そちらで見るようにいわれたのですが、本当にないのでしょうか？　という。コンピュータへの遡及入力のため整理が遅れておりまして……と、いつもの説明をする。いつ頃整理できるのかと聞かれるのだが、これもいつになるかわからないとしか答えようがない。（この時期、コンピュータの遡及入力作業のため資料の整理が遅れていた。これは、相談係の係員にとっても大きな精神的負担となっていた。）

　ついでにいっておくと、『新聞にみる社会資本整備の歴史的変遷（昭和期）』は、私自身、出版された時すぐに政府刊行物販売センターで買って読んだもの。1987年5月、総合研究開発機構発行、日本都市センターが編集している。自分が読んだものが整理されてなくて、所蔵を聞かれて「ない」と答えるのも、いやな気持ちだ。

　午後になると、1階はなんとなく騒がしくなる。

●この日の質問件数、カウンター120件、電話200件。午後満席。

9月3日（土曜日）　晴れ

　朝、15分ばかり話し合い。ローテーションを組んで交代で出勤しているために、全員が顔をそろえることはめったにない。今日も2、3人いない。それでも急ぎの連絡事項などがあると集まる。

　今日のテーマは、年鑑・年報類のカードが電算化にともなって廃

止されることについて。冊子体の目録は1年に1度更新されるのだという。コンピュータにはデータが入っているし、遡及入力やなんやかやで、コンピュータ関係の仕事が多く、収集・整理部門も仕事が大変なので、無理もいえない。継続のカードが打ち切られ「これ以降は職員に聞いてください」という表示が入るため、利用者からの問い合わせは増え、その都度、端末を操作して確認しなくてはならないが、やむをえないということに話はまとまる。

電話①：コーソン・マクルーズの本はあるか？　という若い女性。

　スペルはわかりますか、と尋ねると、電話のむこうで友だちに「ねぇねぇスペルはわかる？」と聞いている。"Carson Mccullers"であるという。著者名カードで「マクルーズ」で調べても出てこない。著者名の原綴りに対する発音をカタカナに置き換えて表記して、それによって50音順にカードを配列している。その表記が少し違うのだろうと『翻訳図書目録』77/84で、原綴りからカタカナ表記を調べてみると、"マッカラーズ"となっている。これで著者名カードを調べ直すと何冊かある。書名を読み上げて、こういうものがありますと紹介する。

電話②：年配の方、「法令全書」の大正期のは持っていないか？

　との質問。

　当館の新聞雑誌の冊子目録で調べると、複製版を慶応3年10月からずっと継続して受入中のように表示してある。複製版なのですべてが復刻されてはいないだろうと、電話で新聞雑誌室に聞いてみると1916年（大正5）のはじめまで複製版で買っているという。そのように答えると、ほかに代わるものはないか、という。『官報』も複製版を買っているがこの時期はない。残念ながらありませんと答えると、あんたではわからないからほかの調査員に代われという。こちらも少しムッとしたが、つとめて冷静に、当館が戦災で焼失して、戦前の資料はほとんど持たずに戦後出発したこと、戦後、古本

や複製本を買って補充しているが、追いつかないことなどを説明して、国立国会図書館の法令・議会資料室の利用を勧める。ここは満席でも「法令・議会資料室利用」と入り口で告げると、入れてくれること、資料は『官報』などは自由に手にとって見ることができることなども説明すると、よくわかったといって電話を切る。以前、ここで『官報』を明治から大正まで調べたことがある。自由に手にとってとっかえひっかえ調べることができるので、大変助かった。（新館ができてから入館のシステムが少し変わった。しかし、法令・議会資料室が便利な点は変わらない。）

　4時からカウンター。4時半になるとエレベータから学生がどっと降りてきて、急に騒がしくなる。1階は騒然とした雰囲気につつまれる。注意してまわるが効果は少ない。

カウンター：学生が、カフカの本はこの図書館には1冊もないのか？と聞いてくる。

　どうやって調べたのか聞いてみると、著者名カードで"フランツ・カフカ"で引いてみたという。それではわからないと一緒に著者名カードのところに行って、"カフカ、フランツ"で引くのだと説明して、一緒に引いてみる。外国人の著者名カードの引き方がわからないという学生は多い。

●この日の質問件数、カウンター63件、電話71件。午後満席。

9月4日（日曜日）　くもり

電話：むこうが話すことはよくわかるが、こちらがいうことはよくわからないらしい。テレビの音が聞こえる。耳が悪いのかな、音を低くすればよいのにと思いながら話していると、途中から母親が代わる。やはり耳が悪いそうだ。地方からかけているという。洋書のことだ。"Books in Print" New York, Bowker, Annual. でわかる程度のこと、答えてから、その程度のことは地元の県立図書館でもわかる

ので、そちらに聞いたらいかがですか？　と案内する。県立図書館では答えてくれるか？　と不安げにいうので、電話でもいいし、文書でもいいのでお聞きになってみたらと勧める。

●この日の質問件数、カウンター80件、電話71件。午前11時から満席。

9月7日（水曜日）　くもり

　朝から猛烈な電話。開館と同時に3本が一斉に鳴り、と切れることがない。

　私が受けたのを並べてみると、(1) 昭和13年当時、「東京府」といったのか「東京都」といったのか？　(2) 昭和40年5月29日は旧暦で何月何日か？　(3) アジア・アフリカの歯の治療方法及び治療事情について書かれた本はないか？（これは、カードを調べたあと自然科学室にまわした）　(4) JISハンドブックはないか？　(5) 海洋・マリンスポーツ関係の雑誌は日本でどのようなものが発行されているか、またその部数はどのくらいか？　(6)「都市交通年報」の最新版はあるか、それは貸し出しができるか？　(7)「日本ファシズム」第1巻を所蔵しているか？　(8) 看護・保健関係についての専門書はそろっているか？　(9) フランチェスカ・アルバーニの絵がどの本にあるかわからないか、中世のバロック画家だが……。　(10) 白書はあるか、それはまとまって置かれているか？　(11) 市町村別の世帯数、人口、経済力、通勤通学者数などのデータはわかるか？　(12) 宇井小一郎、黙斎の生没年はわからないか？　(13) 民間補助金ガイドはあるか？　(14) 藤原氏の家系図で詳しいものが載っている本はないか？　……と、メモをとっていたが、ついにとりきれず件数だけにした。

　が、これも午前11時すぎに20件をこえるところまで数えたがついに数えきれなくなってやめた。ちょっとコメントしておくと──

（1）昭和 13 年当時は東京府、東京都は昭和 18 年の成立。
（2）昭和 40 年 5 月 29 日は旧暦で何月何日か？　これは『万年暦決定版　自明治六年（一八七三）至昭和七十五年（二〇〇〇）』西沢有綜編著（五立命学会　1985 年）で回答。
（5）海洋・マリンスポーツ関係の雑誌は日本でどのようなものが発行されているか、またその部数はどのくらいか？　これは『雑誌新聞総かたろぐ』（メディア・リサーチ・センター　年刊）で調べる。部数もわかる。
（8）看護・保健関係についての専門書はそろっているか？　この種のある分野の本がそろっているかどうかという質問は多い、もっと具体的なテーマの本を必要としているのだが、とりあえずこうした聞き方をしてくる。あるともないともいえないが、全体で 90 万冊所蔵していて、最近の本は毎年 3 万冊程度買っている、と説明。で、どのような本を必要としていますかと聞くと、老人看護に関する本が必要とのこと。所蔵を調べて何冊か書名を挙げて、こういうものがあると紹介する。
（9）フランチェスカ・アルバーニの絵がどの本にあるかわからないか、中世のバロック画家だが……。これは、書名・著書名カードや「人物に関する年譜・著作目録・参考文献（外国人）」のカードで調べてわからないので、人文科学室で作成している「美術全集絵画索引」を電話して調べてもらう。1 枚あるというので人文へ電話をまわす。利用者は大変喜んでいた。
（10）白書はあるか、それはまとまって置かれているか？　まとまって置いていない、テーマ別に分けている。結局、これもいろいろ聞いてみると具体的に知りたいものがあって、土地の高騰を書いた白書は何か？　という質問にたどりついて、『国土利用白書―土地問題の現状と課題』国土庁編（大蔵省印刷局　年刊）を紹介して終わりとなった。

(11) 市町村別の世帯数、人口、経済力、通勤通学者数などのデータはわかるか？　これは、『日本アルマナック―現代日本を知る総合データバンク』（教育社　年刊）や『民力―地域データベース・エリア・都市圏・都道府県』（朝日新聞社　年刊）、「国勢調査」などを組み合わせ回答することになるが、電話が次々と入ってくるので、社会科学室に全部まかせることにして、社会科学室に回送する。
(12) 宇井小一郎、黙斎の生没年は、『日本人名大事典』（平凡社　1979 年　7 冊）ですぐわかった。1725 年から 1781 年。

　この日は、12 時すぎるとベルの音がピタリと鳴らなくなり、午後も 3 時頃には静かになる。
　3 時から 4 時カウンターに出る。

カウンター①：研究者風の人がきて、昭和23年に出た「建設省住宅基準」という本はないか？

　もう、いろいろお調べになったのでしょうかと聞くと、国会図書館でも調べたし、ここも調べたがなかったという。市政調査会市政専門図書館はどうか、と聞くとそこも調べたという。それでは、建設省の関係の機関などを探すよりほかにない、と所蔵目録のコーナーに案内したあと、本当に調べたのかなぁと思って、書名カードを引いてみると、ある。冊子の所蔵目録の書架にいたので、「ありますよ、これでしょ⁉」とカードを見せると、ややしばらく見つめていて、そうです、これです、どこにありますか、とニコニコして聞くので、利用方法を案内して、本を管理している自然科学室へ行ってもらう。

カウンター②：地方議員の名簿はないか、『全国議会議員名鑑』議員名鑑編纂会編（日本中央新聞社　1983年）は古い、もっと新しいのはないか？

　調べてみるがない。いろいろ話を聞いてみるとそうしたものを出

版してみたいというのだ。東京都レベルでの調べ方を案内する。
●この日の質問件数、カウンター109件、電話159件。この前日の火曜日は、カウンター100件、電話190件とこの日の比ではなかった。もっとも、この年もっとも多かったのは11月22日（火曜日）でカウンター149件、電話318件であった。

9月8日（木曜日）　雨のちくもり

　遅番出勤。1時から2時電話。5時からカウンター。

カウンター①：香港の返還問題について調べているというルポライター風の女性がやってくる。大宅壮一文庫の雑誌記事索引のコピーを示して、ここにある雑誌はどの程度持っているか？　という。

　それは、雑誌の目録を調べないといけないが、ここにある雑誌だと7〜8割くらいしか所蔵していないと答えると、ひどく落胆した風情。ほかにどんな方法で調べたらよいでしょうか？　と話しかけてくる。

　やや古いが『新聞雑誌記事カタログ』81/82（日外アソシエーツ1983年　5冊）で探すと、『東洋経済』1982年12月4日号に「特集：香港は何処へ」などの記事があることがわかる。電算端末を都立3館のデータが検索できるようにして、書名中に"香港"というコトバがある本を検索してみると30件ばかり出てくる。返還に関するものは2件だけ、詳細データで見ると、ともに日比谷図書館所蔵だった。日比谷図書館には直接行くのではなく、事前に電話して必要な資料があるかどうか確認してから行くように案内する。新聞雑誌室に『Joint-A』『Joint-B』（ともに経済文献研究会編　日外アソシエーツ　月刊）という雑誌記事の索引誌があるのでそれも見たらよいなどと調べ方を紹介する。（ところで、この時整理が遅れていたためか、日外アソシエーツから出版されていた各種の雑誌記事索引が利用できなかったので、この程度しか案内できなかったが、

それがあれば、もう少し的確に記事を紹介することができた。日外アソシエーツから出版されていたものとしては『総合誌記事索引』81/87（1988年　3冊）、『週刊誌記事索引』81/87（1988年　3冊）、『ビジネス誌記事索引』81/87（1988年　3冊）があった。これを調べればもっとよい記事が紹介できた。なお、これらのカレント版として、その後、『総合誌インデックス』『週刊誌インデックス』『ビジネス誌インデックス』が出版されている。）

カウンター②：総務庁などでやっている意識調査などはどのようにすれば見ることができるか？　という中年の男性、仕事で必要らしい。

　総務庁の意識調査の概要を見るのであれば、新しい分は『月刊世論調査』内閣総理大臣官房広報室編（大蔵省印刷局　月刊）を、少し古くなるが『世論調査年鑑―全国世論調査の概要』内閣総理大臣官房広報室編（大蔵省印刷局　年刊）も概要が掲載される。これは、官庁、地方自治体が中心。銀行など民間のものはエッセンスだけだが、『アンケートなんでも事典―800万人のデータファイル』（日本能率協会　1986年）などを紹介。（これも新しくてよいものが出版されるようになった。例えば、『アンケート調査年鑑』竹内宏編（並木書房　年刊）がある。）

カウンター③：中年の男性、特に聞きたいことがあるわけではないのだが、話したかったらしい。分類別の雑誌の目録は何故ないのか？　ここにはあってとても便利でよく使っているが、国立国会図書館にないのは不都合だ。雑誌を調べるにはうまい検索方法はないだろうか？　『読売ニュース総覧』（読売新部社　年刊）の利用方法について自分はこうしているなど、とりとめもなく話していく。

カウンター④：F1レースなどのスポーツのユニフォームについて書かれた本、文献はないだろうか？　館内は探してみたがわからない、という女性。

　デザインや材質について書いたものがほしいという。ちょっとわ

からない。率直にわからないと答える。
電話①：「国勢調査」の最新のものはあるか？

　電算端末で調べてみるとほとんど整理されていない。ないと答えると、どこで見ることができるか、という。国立国会図書館か、むしろ総務庁統計局にある国勢調査の窓口がよいでしょうと案内。（ここでは、まだ出版されていないものまで、コンピュータから打ち出したデータシートで見せてもらったことがある。ここは、総務庁統計局資料室とは別の窓口となっていて、担当の職員は、資料室の職員の官僚的な態度とくらべると大変親切で、同じ組織に属しているとは思えなかった。）

電話②：母親から、小学生に教育ビデオを見せたいがどこかで貸してくれるところはないだろうか？　学校の集まりで見せるという。

　それなら区の教育研究所に相談されたほうがよいでしょう、教育研究所は、教育関係のフィルムライブラリーを持っているところが多いので……と住んでいる区の教育研究所の電話を紹介する。そうですねぇ、といって、明日かけてみますと電話が切れる。

●この日の質問件数、カウンター66件、電話142件。

9月13日（火曜日）　　晴れ

　遅番。

電話①：生活科学に関する本は置いてあるか？　近くにある図書館や本屋をみたが見あたらない。文献目録を作るようにいわれているのだが、どうすればよいのだろうか？　という女子大生。

　生活科学がNDCではどこに分類されるか、それを調べるにはどうしたらよいかなど案内して、自分で調べるように勧める。また、大学の図書館をまず使うように勧める。

電話②：思想書は置いてあるか？　ある、と答えておいて、すぐに、で、何が必要なのかと聞きかえす。「ルソー」が必要だという、

著者名カードで"ルソー"のところを持ってきてこんなものがあると、『エミール』第1-4　ルソー著　長尾十三二訳（明治図書出版　1967-69（世界教育学選集39-41））、『学問芸術論』ルソー著　前川貞次郎訳（岩波書店　1969（岩波文庫））など、何点か案内して終わる。

電話③：明治40年頃の「神戸新聞」を見たいが、やはり神戸に行かなくては無理だろうか？　という中年の男性。

　聞いてみると、国立国会図書館に聞いたがないといわれ、そちらを紹介されたのだが……という。当館では所蔵しておりませんが、少し調べてみましょうといって、国立国会図書館が編集した『全国マイクロ新聞所蔵一覧　昭和57年11月現在』（国立国会図書館　1983年）を調べる。東京大学法学部明治新聞雑誌文庫が所蔵している。『明治新聞雑誌文庫所蔵新聞目録』東京大学法学部明治新聞雑誌文庫編（東京大学出版会　1977年）で確認すると

　　神戸新聞　神戸　神戸新聞社　日刊　明32.1.1
　　［マイクロ］明38.1.2〜明45.7.31 N　大8.9.1〜大8.10.31 N　明38.1.2〜大15.11.30 P

とあるので、明治40年頃はある。所蔵の期間、号数を読み上げ、明治新聞雑誌文庫の電話番号を教える。そんなこと国会図書館は教えてくれなかったなぁ、といいながら丁寧に礼をいって切れる。

　シングル・ベッドあるいはふとんの歴史について書かれた本はないか？　ユーロ円の価格の変動はわかるか？　1973年頃からほしい。これらは、この日に受けた電話の一部。

　5時からカウンター。館内が騒がしい。次々と質問がくる。

カウンター①：人間の自己形成過程における心理学的あるいは哲学的考察について簡単に書かれたものはないか？（この「簡単に」と

いうのがむずかしい。）

カウンター②：「千葉大学園芸学部学術報告」は所蔵していないか？

　当館の新聞雑誌の冊子目録で所蔵していることを確認して、新聞雑誌室へ行って請求するように案内。

カウンター③：ファシズム、ヒットラーなど国際政治に関することの中からテーマを選んでレポートをまとめるようにいわれているが、どうしたらよいでしょうか？　という女子大生。

　まず、ファシズムに関する本を調べてみましょうと、一緒に書名カードのところに行って調べてみる。たくさんある。

　エッ⁉　こんなにあるんですか、どうしよう。テーマをもっと絞るか、別のテーマにするか、ファシズムにするのであれば、基本的な文献を読んでその紹介にするとか、論争史を概観するとか、いずれにせよいま少しお考えになったほうがよろしいのではないでしょうかといって、あとは図書館の使い方について簡単に案内して終わりにする。こんなことは大学図書館でやってほしいと思う。

カウンター④：「学制百年」という本はないか？　という老人、国立国会図書館からきたという。

　聞いてみると、国会が5時で終わりになったので、こちらにきて、夜8時まで読もうということらしい。こういう使い方もあるのかと妙に感心。書名カードで調べて、所蔵しているので社会科学室のカウンターから出してもらうように案内。

●この日の質問件数、カウンター103件、電話202件。電話が200件をこえるとさすがにみんなグッタリする。

9月14日（水曜日）　晴れ

電話①：三田史学会が出している『史学』の21巻3号から5号までは所蔵しているか？　新聞雑誌の冊子目録を調べてみると、1巻1号（大10.10）-22巻1号（昭18.9）まで所蔵しているが、21巻は3、4号

が欠号で5号しか所蔵していない。それも特別文庫所蔵となっている。それを伝えて、特別文庫の場合、利用時間が異なり毎日午後5時までしか開室していないこと、コピーが普通の本や雑誌のようにとれないことを付け加える。

電話②：フランスのワインでボージョレヌーボーというものがあるが、これについて書かれた本はないか？　すぐに自然科学室へまわす。

電話③：東北のある県立図書館から、レオ・レオニーの「金の翼」は所蔵していないだろうか？　日比谷図書館にはもう聞いてみたがないということだった。

　著者名カードでは出てこないので、『翻訳図書目録』77/84を調べると、"レオーニ、レオ（Lionni,Leo）"となっていたので、いま一度調べ直し。（国立国会図書館の最近の目録は、原綴りがわからないと引けない。）大急ぎで調べてみたが、やっぱりわからなかった。

電話④：飛鳥から天平時代にかけての仏像の特長について書いた本はないか？　人文科学室へまわす。

電話⑤：「総合電子部品年鑑」1988　は所蔵していないか？

　電算の端末で、逐次刊行物のデータベースを呼び出して、"電子部品"で検索。なし。申し訳ありませんが、所蔵しておりませんと回答。

　2時から3時までカウンター。

カウンター①：日本文化について書かれた本はないか？　外国人に日本を紹介するために勉強しておきたい、専門的なものでもよい。

　電算の端末で"日本文化"と入力して検索し、画面に出てきたものから、いわゆる日本文化論の範疇に入ると思われるものを適当に選んで、当館の分類番号2104を確認して、紙に書いてわたす。そこの番号のところに行けば日本文化について書かれた本が並んでいるはずです、よろしいものを選んでください、といって案内。

　利用者の中には、自信があるのか、記憶できると思うのか、書架

番号や分類番号を案内してもメモをとらない人が結構いる。2階や3階に行ってわからなくなったのか、記憶違いのためか、1階で聞いたがなかったと苦情をいう人がいる。1階にもどってきて苦情をいう人もいる。こうなるとこちらが謝るほかない。しかし、謝ったあとよく聞いてみると、聞き違いか、忘れたか、とんでもない書架や番号のところに行っている。図書館員のためにも、メモをとらないような人にはメモをわたしたほうがよい。

カウンター②：女子大生が2人でくる。「生活科学」に関する本を探しているのだが、どこに行けばよいだろうか？　という。

　電算の端末で"生活科学"で探して、何冊か紹介し、それらの本に付与されている分類番号の本のある書架に行ってみればもっとあるだろうと案内。昨日も電話で聞かれたし、今日も朝誰かが電話で聞かれていたところをみると、これも文献目録を作るようにというどこかの大学の宿題らしい。「そのうち、文献目録はどうまとめたらいいかと聞いてくるよ」と白石さんがいう。（確かにその通りになった。先生が作ったらしい手引書を持ってきて、これはどういう意味かと、参考文献、雑誌記事、索引、書誌などの用語を指差して聞いてくる。これは毎年のことらしい。説明すると、一番よくわからないのが「参考文献」らしい。何度も聞きかえす学生がいる。）

カウンター③：学術論文を探すにはどうしたらよいだろうか？　という学生。

　具体的に何か探していらっしゃるのですか、と尋ねると、実はとコピーを出して、ここにある文献を探しているのだという。雑誌論文と図書とが、ランダムに並んでいる。まだ、雑誌論文と図書との違いがわからないらしい。これは雑誌論文、これは図書と区別を付けて、雑誌論文の探し方、図書の探し方をそれぞれ案内して、自分で調べてみるように勧める。わからないのも無理からぬところがある。なにしろ、書誌事項の記述がでたらめだからだ。

電話⑥：年配の方からかかってくる。そちらの図書館は質問に答えてくれるというが、どんなことに答えてくれるのだろうか？

　法律相談とか医療相談などはお受けできませんが、それ以外はたいていのことはお調べしますが、ただ文献に書かれている範囲でしかお答えできませんが……と答え、何かお調べしましょうか、と尋ねると、「すまんがちょっと調べてくれるかな？」と前置きをして、実は「○○寺住職御母上様」と宛名を書いたら、そばにいた年寄りが口をはさんできて「机下」と添えて書いたらよいという。自分は「御母上様」で十分だと思っているが、年寄りがいうもので無下にはできない、そこで相談なのだが……、とやっと本題に入って、「机下」とは何と読むのか、またこんなものを書き添えてよいものかどうかお聞きしたい……、とようやく質問にたどりついた。

　あとでまた電話かけるから調べておいて……と電話を切りそうになるのであわてて、電話を切ったらすぐにほかの電話が入ってしまいますので、ちょっとこのままお待ち下さい、といって待っててもらって、書架に駆けて行く。

　国語辞典や漢和辞典を持ってきて"机下"の項目を引く。「キカ、宛名の下に書く。おそば。おてもと。書簡用語。」（これは諸橋の『大漢和辞典』第6巻（大修館　1957年）64ページ）、「（相手の机の下に差し出すの意で）あなたのもと。おてもと。また、手紙で敬って相手の名に添えて書く語。」（これは『日本国語大辞典』第5巻（小学館　1974年）486ページ）と、該当の部分を読み上げて、出典を伝えると、やっと納得して電話を切ってくれる。

●この日の質問件数、カウンター93件、電話158件。

9月17日（土曜日）　くもり

カウンター①：山内満寿治の回顧録はないだろうか？　と老人がやってくる。

『日本人物文献目録』法政大学文学部史学研究室編（平凡社1974年）には、出てこない。著者名、書名カードなど手あたり次第に調べてみるがわからない。わからないので、人文科学室が人物関係の資料を持っているのでそちらに行ってカウンターでお聞きくださいと案内すると、もう聞いてきたがわからなかったという。それではここでもうひとふんばりと、『大宅壮一文庫雑誌記事索引総目録』人名編　第Ⅰ期（明治 -1984年）（大宅壮一文庫　1985年）を調べる。

　第6巻599ページに"山内満寿治"があり、「書籍、人物画伝1907」という文献が提示されている。これが回顧録の書名なのかな、と思いつつ『帝国図書館和漢図書書名目録』第4編（帝国図書館　1936年：明治45年1月から大正15年12月までの増加目録）を調べると、「人物画伝　大阪朝日新聞社編　明治40年」とある。この中に山内満寿治についてのまとまった記述があるらしい。そう伝えて、あとは『人物画伝』を手がかりに自分で調べるように案内する。すると、国立国会図書館で自分で調べてわからなかったので、カウンターで調べてもらったけれど、わからなかったという。私どもとしてできることは残念ながら、このくらいだと頭を下げる。

電話①：区立図書館から、パリの有名な宝石店で「モーブッサン」というものがあるそうだが、そのスペルはわからないか？

　百科事典などですぐ調べが付きそうにないので、1時間たったら回答をすると伝えて、電話番号と担当者の名前を聞いて電話をいったん切ってから、社会科学室と人文科学室に調査を依頼する。社会科学室には、世界の一流品などの文献で調べてもらうように、人文科学室にはパリの案内書を調べてもらうように依頼する。時間は1時間以内としてもらう。しばらくしてから区立図書館から電話が入る。『世界の一流品大図鑑』でわかったのでありがとうという。すぐに人文科学室と社会科学室にその旨伝えて、調査を打ち切っても

らう。

電話②：異常気象レポートは所蔵していないか？

　調べたが所蔵していない。最近、新聞記事で紹介されていたものだ。

電話③：戸籍法の改正が最近行なわれて特別養子制度ができたはずだが、その内容を調べるにはどうしたらよいだろうか？

　私どもの図書館では、新聞雑誌室で、『ジュリスト』などおもな雑誌の目次をコピーしたものを作っているので、それを出してもらって調べるか、時期がわかれば新聞の縮刷版で調べて、あと『官報』をあたりを付けて順次見ていく方法があるのですが、ところでいつ国会で議論されているかおわかりですか、と尋ねると、1987年の下半期だという。それでは新聞雑誌室で調べてまいりますのでちょっとお待ちください、といって、新聞雑誌室へ走っていく。新聞雑誌室は電話レファレンスはやらないのだ。『ジュリスト』の表紙を見ていくと、10月1日号に小特集「特別養子」があり、4本の論文が収録されている。そのうち1本は連載で、続きが15日号、11月1日号に掲載されていることがわかる。その旨伝えると、よく調べてくれたと丁寧に礼をいわれて終わりとなった。

電話④：「メイジタイショウムスメギダユウセイカンロク」という本を所蔵していないか？　と老人の声、横浜市立図書館からそちらに聞いてみてはどうかと案内された、持っていなかったらどこが持っているか調べてくれるそうだが本当か、ともいう。

　そんなこと案内するんだったら自分のところで調べたらどうなんだと、ちょっと思ったりして、書名カードのところに駆けて行く。カードでは漢字の"女"のところを"むすめ"ではなくて"おんな"と読んでいた。こういうことはよくある。この前は、"女官"を"にょかん"と読んでいるか"にょうかん"と読んでいるかで、ちょっと苦労したことがある。所蔵していると回答するとすぐに行くという。横浜から図書館にくる経路を説明する。

電話⑤：区立の図書館から、「北海家由緒集」はないか？

いろいろ調べたがわからなかった。この場合、「北海家由緒集」についてどこかに書いてあったのか、とかいろいろマニュアル通りに尋ねてみたが、利用者から聞き出してないのか、利用者が知らなかったのか、わからないということだった。

午後3時からコピーに長い列ができる。午後満席。今日もカウンターにいると外国人名のカードの引き方について聞かれる。

カウンター②：女子大生がきて、トマス・ハーディの本を差し出して、この本の原書はありませんか？　という。

洋書の目録はあそこにあるのでお調べになったらいかがですか、と指差して案内すると、「ないと困るんですけどぉ……」といったままカウンターから動かない。仕方がないので、一緒に洋書のカード目録のところに行って引き方を教えながら引いてやる。話を聞いていると引き方がわからなかったらしい。

このくらいはわからなくてはこれから困るだろうにと思うが、こうしたことは、高校までには教わってこなかったろうし、大学でも、特に教えるということはないらしい。結局、図書館員に聞いて、やっとなるほど！　ということになるのだ。洋書の所蔵を調べたいのだが、カタカナで並べてある目録はないのか？　などといってくる学生もいるが、この程度で驚いてはいけない。学生だからというのではなくて、社会人も含めて、こうした人はいるものだ。

このあとも次々と質問がくる。丸太小屋について書いた本はないか？　カナダについて書かれた本はどこを調べればよいのか？「日経広告手帳」はないか？　米寿のいわれを書いた本がないか？「日経コンピュータ」の1982年1月11日号はないか？　英字新聞はあるか？　自習室のある図書館はないか？「サンケイ新聞」の今年の6〜8月分を見たい？　"NIES"のスペルはわからないか？　天保の改革の禁令を見たいがあるか？　などなど。新聞雑誌につい

ての質問が多いのは、新聞雑誌室があることに気が付かないらしい。書名カードで調べて雑誌が「ない」といってくる人も少なくない。

英字新聞はあるか？　は、よく聞いてみると、"New York Times" を探していたとのことであった。

"NIES" のスペルはわからないか？　これは何度も聞かれたので新聞の切りぬきをカードにはり付けて、「質問記録票」のカードに繰りこんであったので、それを見せておしまい。「質問記録票」とは、繰りかえし受ける質問とその回答やこれから聞かれそうな情報をカード化して、件名の50音順に配列しているもの。1日に何回も使う。

電話⑥：遠くからかけているなとすぐわかる電話、合計4件の問い合わせ。―（1）講談社から昭和44年に出た「クカイジョウド」という本を持っているか？　（2）「父森鷗外」というような本があるはずだがわからないか？　森マリの「父の帽子」は見た。（3）「食べられる野草」の出版元を知りたい。（4）「にしきをおるしごと」という本は出版されているか？　の4件である。

ちょっと待ってくださいといって、大急ぎで調べにかかる。森鷗外以外は、書名カードと『日本書籍総目録』（日本書籍出版協会年刊）などですぐにわかる。森鷗外のは書名カードなどで出てこないので、基本にかえって『日本人物文献目録』からやり直すことにして、それを調べる。

　　父親としての森鷗外　森於菟　大雅新書　大雅書店　昭30
　　父　小堀杏奴　宝文館　昭32

などがある。これを紹介して我慢してもらう。（あとで調べたがこの２つは所蔵していた。）だいぶ時間がかかったがなんとか終わる。終わりに、どちらからおかけですか？　と聞くと、四国から

だという、「エッ！　四国からですか⁉」とこちらが驚いてしまい、それならこれから地元の図書館にご相談ください、地元の図書館でわからなければ国立国会図書館に聞いてもらえるようになっておりますので、といって切る。時々こういうのがある。大体、電話の雑音などで遠いということはわかるのだが……。
●この日の質問件数、カウンター81件、電話81件、午後満席。

9月20日（火曜日）　くもり時々雨

　朝から電話。
電話①：日本写真家協会の名簿があるはずだが……、以前そちらにあるのを見たという人から聞いたが？　という若い女性。
　著者名カードで探すと『［日本写真家協会会員名簿］』1983-1984（日本写真家協会　1984年）がある。前後を見ると4年おきに出版されているらしい。表紙の書名は"JPS members adress"となっている。こうしたことを伝えると内容をもっと詳しく知りたいというので、請求記号をメモしてもらい、人文科学室へまわす。
電話②：今年4月に改正された労働組合法はどんなものなのか知りたい？
　それに関する評論をお知りになりたいのですか、条文をお知りになりたいのですか、と尋ねると、評論の方だという。社会科学室へまわすべきか、新聞雑誌室へ駆けて行くべきかしばし考えて、4月に改正されたとなるとまだ本にはなってないだろう、なっていたとしても整理されていないだろうと考えて、新聞雑誌室に駆けて行くことにし、少し待ってもらうように頼んで、新聞雑誌室へ駆けて行き『ジュリスト』の目次を見る。4月に改正されたとすると、審議期間も含めて年末から国会で扱われているはずだから、その頃から今年の5月頃まで調べればいいだろう、とずっと見ていくと、5月をすぎてもなく9月1日号になって「労働組合法改正について—

中労委と国労委の統合について」高田正昭　という論文が出てきた。中をのぞいてみると「112回国会5月20日可決」とある。

　レファレンスに使うからちょっとといって断って、電話のところに走って帰り、それを紹介する。それでよいとのこと、ほかにも『法律時報』とか労働法関係の雑誌もあるのでご覧になればよいと勧めて終わる。

　12時からカウンター。

　今日も相談件数は多い。

　英語時事用語辞典でよいのはないか？　「中国残留孤児」などを英訳したいが、いい辞典はないか？　過去10年間の企業の業績を調べたいのだが？　「人事興信録」はないか？　文化人類学の本はないか？　労働法の雑誌はないか？　家系図、系図の本は？　ドイツの法律については？　料理の本は？……などなど、片っ端から所蔵の階数と分類番号や書架番号を教えて社会科学室、人文科学室、自然科学室へと案内する。

　ちょっと時間がかかったものは、労働法の雑誌と「中国残留孤児」の英訳。労働法の雑誌は、新聞雑誌室へ行くとよいと案内すると、どうやって調べることができるのか？　というもの。新聞雑誌室のカウンターが開いてないので仕方ないから、分類別のカードがあるので労働法か労働一般などのところをご覧になればよいと図面を書いて分類別カードのあるところを示すと、特定の雑誌を過去に遡って見たいとすると、全部出してもらって順に見ていくより方法はないのか、とたたみかけてくる。

　それを効率的に調べるには、当館の場合、2つ方法があって、ひとつは、雑誌によっては目次をコピーしたものを綴ってあるので、お求めの雑誌についてそれがあるかどうかカウンターで聞いて、あれば出してもらって調べる、ふたつめは、当館の新聞雑誌の冊子目録を見ると総目次がある雑誌には「総目次掲載号あり」と表示があ

るので、それがあれば、総目次掲載号を示して出してもらう。調べて必要なものは巻号、年月をメモして、あとでまとめて出してもらう、もっとも一度に6冊までという制限があるので、冊数が多い場合、6冊ずつ何度も繰り返して出してもらわなくてはなりませんが。目次をコピーしたものも、総目次掲載号もなければ全部を順次出してもらって順に見ていくよりほかにないと案内。

　英訳のほうは、『日本の参考図書　解説総覧』日本の参考図書解説総覧編集委員会編（日本図書館協会　1980年）を調べて、いくつかよさそうなものにあたりを付け、書名カードから請求記号をメモして現物にあたってみる。あまりいいのがない。新しい言葉なので新しいのがいいだろうと『新現代用語を英訳する辞典』石岡宏一著（グロビュー社　1985年）を紹介する。メモをとってすぐ帰ったところをみると、これでよかったらしい。「日本の参考図書」は『現代の図書館』（日本図書館協会　季刊）に新しいものの解題が掲載されるが、時々目を通しておくと役に立つことがある。

●この日の質問件数、カウンター96件、電話177件。この日は、この時期の火曜日にしては少なかった。

9月21日（水曜日）　くもり

　朝一番の電話で、ある区立図書館から区役所から聞かれているといって、皇室用語の使い方について書かれた本はないか？　とくに天皇陛下に関するものが必要なのだが……と聞いてくる。

　簡単なものに『記者ハンドブック―用字用語の正しい知識』第4版（共同通信社　1981年　皇室用語については399-416ページ）がある。やや詳しいものに『皇室の儀制と敬語』野尻一郎著（新光閣1942年）がある、と紹介。引き続き電話、「週刊女性」「女性自身」などの女性週刊誌はあるか？　"New York Times"はあるか？　北海道、広島、福岡、沖縄のローカル紙はあるか？　「黒馬物語」

という本は所蔵しているか？　国民生活センターが今年の2月に出版したレポートを見たい、タイトルは何というのかわからないが……などの質問の合間に皇室関係の質問が次々と入る。

　天皇陛下はおかくれになったらどこにゆかれるのか？　明治天皇と大正天皇の御陵はどこにあるのか？　大正天皇がなくなられた時、元号はどうなったか、すぐに変わったのか、当時の新聞はどうなっているか？　おなくなりになったら学校は休みになるのか、大正天皇の時はどうだったか？　などなど。

　大正天皇が崩御された時、新聞の元号の表示はすぐに変わっている。これは、新聞雑誌室まで駆けて行って「朝日新聞」の縮刷版で確かめた。学校は、休みにならなかったらしい。ある本には休みになったように書いてあるが、公式の記録を調べてみると休みでなかった。『大正天皇大喪奉送記録』（東京府　1972年）110-111ページの「大喪に付き一般心得」（内閣）によると「廃朝」は「天皇崩御当日及其翌日ヨリ5日間」とあり「廃朝ハ政務ヲ廃セラルルノ義ニ非ズ従イテ官庁事務並諸学校授業ハ休停休課セス」とある。したがって、休みにはならなかったらしい。

カウンター①：吉田茂の国葬についてまとまった文献はないか？　午後カウンターに出ていると、中年のサラリーマンが2人でやってきて聞く。いかにも仕事できたという感じ。

　『大宅壮一文庫雑誌記事索引総目録』件名編を調べる。1967年11月5日の『週刊読売』臨時増刊号が「国葬吉田茂」だったとある。新聞雑誌室に行って、これを出してもらうように案内する。

カウンター②：ピカソ、唐十郎について調べているが、この図書館ではどうやって調べればいいのか？　という質問。

　（1）著者名カードから著作を探す、（2）書名カードから伝記、評論などがないか探す、例えば、書名の前方一致で、つまり書名の最初が"ピカソ"なら"ピカソ○○○"とあるものを探す、（3）当

館で作成している「人物に関する年譜・著作目録・参考文献」があるので、そこで人名から調べてみる、(4)『大宅壮一文庫雑誌記事索引総目録』人名編を探す、(5) 人物関係の文献目録を調べる、(6)『世界伝記大事典』(ほるぷ出版　1987-81年　18冊) など人名事典を調べる、などの方法を紹介。この中から自分でよさそうなものを選んで順番に調べてみたらいかがですかと案内する。

　今日は、天皇陛下の関係の質問にはじまり、終わったという観のある1日だった。人文科学室から基本的な文献をとり寄せて、明日に備える。

●この日の質問件数、カウンター83件、電話135件。

9月22日（木曜日）　雨のちくもり

　遅番。

　依然として天皇陛下に関連する問い合わせは続いている。中には、天皇陛下がなくなられたら国民としてはどうすればよいか？　などということまで聞いてくる。答えようがない。大正天皇の時の「大喪に付き一般心得」などを紹介して、あとはご自身でご判断くださいと答える。

電話①：北海道の農産物について30年前と現在を比較できるものはないか？　中年の女性。

　『北海道年鑑』(北海道新聞社　年刊) を持ってきて調べてみるが、この年鑑にはあまり統計的な数値は出てこない。30年前と比較するとなると、「北海道統計年鑑」のようなもので30年前のものと現在のものとで比較するよりほかないかもしれませんね、というと、順位を書いたものはないかと聞いてくる、何か特定の品目についてお知りになりたいのですか、と聞きかえすと、実は北海道でメロンとグリーンアスパラの生産がこの間急速にのびているようなので、その推移を知りたいのだが……という。それでは、自然科学

室の農業統計で調べればわかるでしょうと答えて、自然科学室にまわす。

　ところが、引き続きかかってきた電話に出ていると、補助の電話のベルが鳴る。話しているのが自然と耳に入ってくる。どうもさっき自然科学室にまわしたものらしい。あとで聞いてみると、北海道の農産物が一覧表になったようなものはそちらの資料にないか、ということだったとのこと。自然科学室の担当者が利用者と話しているうちに、北海道の農産物の一覧表があればよいということになったらしい。

電話②：「賢明な投資家」という本を所蔵していないか？

　書名カードで調べるとある。所蔵しています、と答えると、協力貸出を通じて借りたいので請求記号を教えてほしいという。図書館の方ですか、と尋ねると、そうではない、図書館から聞いてみてあったら請求記号を聞いてくるようにいわれたという。不親切な図書館だなと思いながら、請求記号を教える。

カウンター①：中年のものなれた男の人。ニセ宝石造りとかニセ宝石、宝石サギにまつわる伝説とか実話とか、そんなものはないだろうか？　どんなものでもよいが……という質問。

　世界の事物起源のようなものはこの室にもあるが、やはり宝石とか伝承とか民話とかをご覧になったほうがよろしいというと、うん、もう見てきた、なかなかないんだよなぁ、という。事物起源の書架を調べると『西洋事物起源』Ⅰ　ヨハン・ベックマン著　特許庁内技術研究会訳（ダイヤモンド社　1980年）があったので、巻末の事項索引を引いてみると"人造宝石"があったので、本文にあたって確かに記述があることを確認して、それを紹介する。ついでに、『大宅壮一文庫雑誌記事索引総目録』件名編の索引を見ると"偽ダイヤ事件"が件名編　第3巻の「ニセ……」のところにあるとあるので、それを持ってきて紹介する。カウンターでゆっくり調べて行く。

カウンター②：「明治のことば辞典」はないか？　と中年の男性。

　4番の低書架にあるはずですが、と答えると、請求記号はこれで1984年に出されたものなのにないんです、と不満そうにいう。1冊しか置いてないんですか、とも聞いてくる。一緒に低書架を見に行く。所定のところにはない。どなたかお使いになっているんでしょう、といいながら、なお周囲を見ていくと少し離れたところにあった。

電話③：「資料日本社会党40年史」「国民政治年鑑」は所蔵していないか？　と中年の男性。

　書名カードで調べて、あると答えると、ほかに社会党関係の資料はあるか、というので、書名カードで"社会党""日本社会党"からはじまる図書がないか調べて、さらに団体著者名カードで"日本社会党"で調べて所蔵状況を紹介すると、これから行くので、そちらに行ってからどうやって調べればいいのか教えてほしいという。1階の中央目録で書名、団体著者名で関係ありそうなコトバで調べて、必要なものがあったら、カードの左肩に請求記号が書いてあるのでそれと書名をメモして2階に行って、書架を調べて、なかったら書庫の可能性もあるので、カウンターに聞いてほしいと答える。大変丁寧な礼をいって切れる。

電話④：メガネの歴史、日本のメガネの歴史を書いた本はないだろうか？　という質問。

　書名カードで"日本のめがね""めがね……"を調べる。『日本の眼鏡』長岡博男著（東峰書房　1967年）、『眼鏡の歴史』大坪元治著（日本眼鏡卸組合連合会　1960年）、『メガネ博物誌』R. コーソン著　梅田晴夫訳（東京書房社　1972年）を紹介。

電話⑤：老人の声、時刻表はあるだろうか？　という。

　交通公社の『時刻表』があります、と当館の新聞雑誌の冊子目録を見て答えると、昭和58年5月の東京、名古屋の新幹線の料金を

教えてもらえないだろうか、とすまなそうにいう。普通は調べないのですがといって、ちょっとお待ちくださいと新聞雑誌室の書庫に駆けて行って、メモをとってくる。運賃と特急料金は、4700円と3700円。

電話⑥：大日本近世史料、「市中取締類集」の錦絵の部はもう出ているだろうか？　という若い女性。

　『日本書籍総目録』や新刊案内で調べるが、残念ながらまだ出ていないようだ。

　以前、「市中取締類集」については研究のために調べたことがあったが、当時はいまよりまだ巻数はずっと少なかった。早く出版されればと思う史料集のひとつ。

●この日の質問件数、カウンター75件、電話156件。

9月24日（土曜日）　晴れ

　朝からカウンター。

カウンター①：中年の男性がきて、「化学工業日報」の縮刷版はどこに出ているか？　という。

　当館の新聞雑誌の冊子目録を調べると、縮刷版は1978年で終わりになっていて、以後は現物で所蔵していることになっている。事情を説明すると、電話で聞いたらあるといったじゃないかと声が大きくなる。言葉が足りなくて申し訳ありませんと謝る。こういう時は、ひたすら謝るよりほかにない。で、現物はいつから見られるのか、と聞くので、申し訳ありませんが午後1時からです、と答えると、「エッ!?」と驚いて、それまで全然見ることができないのか？　いや、最新のものなら少しは……と、新聞雑誌室へ案内して、新聞架にかかっている新しい分を見てもらう。

カウンター②：戦前の詩の雑誌「かわ」、短歌の雑誌「日光」はないか？　という老人。

戦前のこの種のものは持っていない。岡野他家夫など文学者から戦時中に買い上げた資料の中にまぎれていて、それが新聞雑誌室に所蔵されているかもしれないという程度の可能性があるくらいなもの。調べてもやっぱりない。国立国会図書館の所蔵を調べるがない。あとは文学関係の専門図書館で持っているかどうか。『日本近代文学館所蔵主要雑誌目録　昭和56年4月現在』（日本近代文学館　1981年）を調べるがない。しかし、これはおもなものが収録されているだけだから、あるかもしれない。日本近代文学館に直接聞いてもらうように案内する。

電話①：山小屋の数はわからないか？

　手元にある統計書を見ると簡単な数値しかわからない。これではだめだろうか、と聞くと、もっと具体的な数値がほしいというので、時間をいただいて調べてみますのでといって、いったん電話を切って、あとでかけてもらうことにして、人文科学室と社会科学室で調べてもらう。あまりいいのは出てこない。山小屋のリストが雑誌にある程度。

　このあと人名に関する質問が続けて4件。

電話②：「カイガトブンガクノソウカンセイ」カタノタツロウ、「エマキモノノコトバガキニツイテ」ナカムラヨシオが書いた本は所蔵していないか？

　端末で、後者は"エマキモノ"と"コトバガキ"で、前者は"カイガ"と"ブンガク"で検索してみる。後者は、『絵巻物詞書の研究』中村義夫著（角川書店　1982年）が出てくる。書名カードや『日本書籍総目録』などで調べても、利用者のいうような書名の本は見あたらない。前者は6件出てきたが該当のものは見あたらないので、著者名で調べてみる。『日本文芸と絵画の相関性の研究』片野達郎著（笠間書院　1975年）が見付かる。これだろうと、聞いてみるとそれだという。それぞれいまも手に入るかというので、

『日本書籍総目録』で調べてあることを確認して、手に入ると回答する。
●この日の質問件数、カウンター68件、電話132件。土曜日にしては電話が多かった。

9月25日（日曜日）　雨

　朝から電話、開館と同時にベルが鳴る。おはようございます、相談係です。昭和初期の新聞はありますか？　という質問で今日もはじまる。『朝日新聞』の縮刷版ならあります、と答える。それでは、いまから行きます。日曜日はこういう具合になるものが多い。『朝日新聞』の縮刷版は、開架にあるのでよいのだが、雑誌の場合、書庫に入っているので、午後1時以降でないと見ることはできない。これをいい忘れたら大変、カウンターで苦情をいわれ、平謝りに謝ることになる。

電話①：新井白石が書いたという「キホウキ」「グンキコウ」を見たいのだがわからないか？

　『国書総目録』森末義彰ほか編　補訂版（岩波書店　1989年　9冊）を調べると、「キホウキ」は『気砲記』と書く、活字になったものは書いてない。「グンキコウ」は『軍器考』、正しくは『本朝軍器考』で活字本では『新井白石全集』第6巻に収録されているとある。書名カードで所蔵を調べると、1907年（明治40）、吉川半七刊のものがある。書庫に行って現物を手にとって目次を見ると確かにある。調べた経過を説明し、後者は『新井白石全集』第6巻に収録されていると回答する。

電話②：中年の男性、与謝蕪村の全集はないか？

　著者名カードの与謝蕪村のところを持ってきて、カードをめくりながら書名と発行元、発行年を読み上げる。その中で書簡を収めたものはないだろうか、という。「内容細目」を丁寧に見ていくと、

『蕪村全集』与謝蕪村著　穎原退蔵編（有朋堂　1925年）の中に書簡篇がある。これを紹介する。
●この日の質問件数、カウンター79件、電話55件。午後満席。

9月27日（火曜日）雨

　今日は人数が少ない。朝からカウンターと電話に5回出る。
　普通は、朝から出勤の人は、4回出ることになっている。それ以外の時間は、新聞の牽引やインフォーメーションカードを作成したり、会議をしたりしている。忙しい時は、補助としてむずかしい質問を手伝ったりする。

電話①：「カンカン　サイバンシ」はないか？　という中年の女性。
　全然漢字が思い浮かばない。仕方がないので「カンカン」とはどう書くのか、と聞くと、「漢奸」だという。では「サイバンシ」は「裁判史」か、と聞くと、そうだという。書名カードで調べてみると所蔵している。『漢奸裁判史　1946-48』益井康一著（みすず書房1977年）を所蔵しています、と答えると、それはよかった、前橋からだがいまから行きますといって切ろうとするので、あわてて、ちょっと待ってください、わざわざいらしていただいて、万一ないと困ります。私どもの図書館では、区市町村立の図書館に貸し出しをしますし、製本中ということもありますので。いまから管理している室に電話をまわしますので……、といって請求記号をメモしてもらい、特にカウンターにとっておくことはしていないからと断って、人文科学室にまわす。このあたりのタイミングがむずかしい。
　所蔵していると聞いて、うれしくなったのか、パッと電話を切ってしまい、息急き切ってやってきて書架を探したがない！　調べてみると区市町村立図書館へ貸し出し中となっていたことがわかって、電話をかけた時は何もいわなかった、不親切だ！　という人がいる。中には、上司を出せなどと怒る人もいる。こういう時も、平身低頭

謝るほかないのだが、こうならないためにも、しっかり図書館のシステムを理解してもらわなくてはならない。

電話②：女子大生らしい、人名とタイトルを4件読み上げて、これがないか？　という。

　こちらは書名だと思って調べてみるが1件も出てこない。本当に書名なのか、と聞いてみると、よくわからないという、雑誌論文かもしれないともいう、タイトルが書名としたらやや長いので雑誌論文の可能性もある。こうなるとあまり漠然として調べようがない。仕方がないので、人名とタイトルがどこの文献からメモしたのか、あるいはどこに書かれていたのかをまず確認して、それがわかったら、そこに書いてあることを見なおして、図書なら書名、著者名、出版社、出版年、雑誌記事なら、タイトル名、著者名、掲載雑誌名、巻号、刊年月、ページ数をメモして、それから図書の場合は……、雑誌の場合は……とそれぞれ調べ方を紹介して、いずれにせよ、いま一度、大学図書館で調べるように勧めて電話を切る。この日、同じような質問がもう1件。

電話③：「人虎伝」の原文を書き下しにしたものはないか？

　これはいろいろ調べたがわからない。調査の経過を説明して納得してもらう。わからなかった場合、こちらが何をどのように調べたかを説明することが、利用者の信頼を得るためにも必要だ。

電話④：ティファニーのテーブルセットの仕方がわかるものとショーウインドウの写真はないか？

　電算端末で検索してみると、『ティファニーとニューヨーク／ガウディー　光彩の魅惑』佐野敬彦著（学研　1987年（アール・ヌーヴォーの世界　5））、『ティファニーのテーブルセッティング』ジョン・ローリング、ヘンリー・B. ブラット［著］辻勲監訳（同朋舎出版　1986年）などがある。書名カードで探すと関係ありそうなものが少しある。電算端末のほうは、すべて日比谷図書館所蔵で、

皆貸し出し中、調査経過を説明し、近くの区立図書館が所蔵しているかもしれないので、一応問い合わせてみるように案内。

電話⑤：新聞社から。松隈健彦の「天文学新話」という本が戦前出ているはずだがわからないか？

　書名カードを調べてみると、同じ著者の同名の本で1956年（昭和31）に恒星社厚生閣から出ているものがある。戦前というので国立国会図書館の目録を片っ端から調べてみるがわからない。1956年のものを見れば何か手がかりがつかめるかもしれない、といって、自然科学室にまわす。

　後日、9月29日『朝日新聞』17面に関勉「思い出の1冊―松隈健彦の『天文学新話』」が掲載されていた。その最後に「『天文学新話』は、戦前に出されたものだが、恒星社厚生閣から戦後出版され、現在は絶版」と書いてあった。結局わからなかったらしい。

電話⑥：コトバの系統図が載っている本はないか？　中年の女性の声。

　言語辞典を何冊か持ってきて調べてみるがわからない。例えば『ラルース言語学用語辞典』J. デュボワほか著　伊藤晃ほか編訳（大修館書店　1980年）の121ページの「言語の分類」の項に、例示として簡単なものが掲載されている。もっとちゃんとしたものがあってもよさそうだがと思って、誰か知らないかなあ、と皆に声をかけてみたが、すかさず「ないんだよなぁ」という声、前にも調べたことがあったけれど、言語辞典にちょっと載っている程度しかわからなかったと小山さん。やや安心して、こんなものが出ています、この程度しかわかりませんと答えると、それでも見に行きたい、すぐに行くから何階にありますかという。1階の言語学のところで……と、書名と掲載ページを伝える。

　午後再びカウンター。

カウンター①：世界の国旗が載っている本はないか？

　『邦語文献を対象とする参考調査便覧』片山喜八郎編（書誌研

究の会　1988年）を調べると196ページに「世界の国旗・国家総覧　岩崎書店　1976」とある。書名カードを調べると所蔵している。カードを示して、これをご覧になったらいかがですか、と案内。

カウンター②：ほていさまについて書かれた本はないか？　という中年の男性。

　『邦語文献を対象とする参考調査便覧』などで調べていると、台湾のほていさまについて書いてあるものはありませんかねぇ……ともいう。台湾ねぇ……と答えながら、調べるがどうも出てきそうにない。仕方がないので、可能性としてあるとしたら……といって、地理の台湾、民間宗教のところ、台湾の民俗の3ヶ所の書架と分類コードを教えて、ご自身でお調べくださいといって送り出す。

●この日の質問件数、カウンター126件、電話235件。

9月28日（水曜日）　雨

　この日も5回、電話とカウンターに出る。

　朝、カウンターに開館と同時に若い女性が駆けこんでくる。天皇陛下の歌集「あけぼの集」はありませんか？　という。

　書名カードで調べると所蔵している。『あけぼの集　天皇皇后両陛下御歌集』天皇、皇后著　木俣修編　読売新聞社　1974　請求記号をメモしてもらい、3階へ行ってもらう。

カウンター①：雑誌の総目次を見たいのですが？　という中年の男性。

　何か特定のタイトルについてお求めなのですか、と聞くと、特定のものを求めているという。それでは、当館の新聞雑誌の冊子目録をお調べいただいて、ございましたらタイトルなどのあとに「総目次掲載号あり」という表示があれば、その雑誌には総目次を掲載しているものがあるので、カウンターに申し出て、調べてもらい、必要なものを出してもらう、あるいは雑誌によっては、当館で独自に目次をコピーして綴っているので、それがあるかどうかカウンター

で聞いて、あれば、まずそれを出してもらって見る、という方法がございます。いずれにしても雑誌のご利用は午後1時からになっております、というと「エッ!?」としばらく絶句。

こちらも本意でないので、それ以上説明する気にもなれない。

カウンター②：ビジネスマンの冠婚葬祭に関する本はどこに行けばいいのか？　若いビジネスマン。

2階の社会科学室の3359と3870の図書が分類されている書架を案内。

カウンター③：「経済白書」「日本統計年鑑」の1988年版が見たい、なければ1987年版でもよいが……。

書名カードを調べると1987年版はある。1988年版はわからない。それぞれ請求記号を教えて、1段目の番号の本が並んでいる書架に行って調べるよう案内。1988年版がなければカウンターに行って聞いてみてください、すでに買っていて未整理であればお見せできるかもしれません、と付け加える。あとで、新聞雑誌室に確かめると『日本統計年鑑』総務庁統計局編（日本統計協会　年刊）の1988年版はまだ買っていないという。急いで社会科学室に電話してその旨伝える。（こうした、年刊年報の未整理本を請求があればカウンターを通して出納して閲覧していただくという方法は、その後とりやめている。）

カウンター④：「日経ウーマン」はないか？

調べるまでもなく、所蔵していない。これはよく聞かれる。（よく聞かれたので、後日、新聞雑誌室にたのんで購入タイトルにしてもらった。）

11時から電話。

電話①：全国の住宅地図はないか？　という質問が続けて2件。

そういえば今日は国立国会図書館が休館の日だった。休館の日は、「ゼンリンの住宅地図」に関する問い合わせが多い。当館では、東

京都とその周辺しか所蔵していない。

電話②：新聞の縮刷版は所蔵しているか？　男性の声。

　所蔵しているが、いつ頃が必要なのか、と聞くと、昭和2年の1月から7月まで見たい、現物があればいますぐ見に行きたいという。ちょっと待ってください、現物が書架にあるか確かめてきますので、といって新聞雑誌室に駆けて行く。ない、誰か見ているらしい。どなたかご覧になっていてないというと、困った、困った、を連発する。マイクロはあるか、というので、ある、しかしご覧いただけるのは午後1時からだというと、再び困った、困った、を連発する。どこかマイクロをみることができるところはないか、というので、『全国マイクロ新聞所蔵一覧』で調べて新宿区立中央図書館などを紹介する。そこにあたってみるといって電話を切る。よっぽど急いでいるらしい。

　この頃は1927年（昭和2）の1月の新聞縮刷版はいつも誰か見ている状態だった。これも天皇陛下のご容態に関係がある。正月はどうしたらいいだろうか、と聞いてくる人もいた。新聞の縮刷版、昭和2年1月分は、大正天皇の時はどうだったかと参考にするために、調べているらしい。必要なところをコピーをとって、書架に返されたとたん、手がのびてきてなくなってしまうという状態だった。

電話③：中年の男性、ちょっと調子のよいしゃべり方。松竹図書館から案内されたのだが……といって、ノンキ節について書かれたものや、レコードについて何かそちらでわからないか？

　書名カードからは『ノンキ節ものがたり』添田知道著（青友社1973年）がある。視聴覚室の分出カードからは出てこない。これを知らせると、『ノンキ節ものがたり』の出版社を教えてほしいというので教えると、ついでに下町の風俗などをきめ細かに調べたいがどんなところがいいか、教えてくれないかという。台東区立下町風俗資料館があるがもうご存じですか、と聞くと、いや知らない、

どこにあるのか、そんな便利なところが……というので、『類縁機関名簿』1985年版（東京都立中央図書館　1986年）で住所や開館時間を知らせる。

　いやぁ、よくわかるものですなぁ、ついでにお聞きしてよろしいか？　といって、カメレオンはどこで生息しているのでしょうか？　以前、上野動物園に聞いたことがあったんですが、忙しいので待ってくれといわれて待っていたら、そのままほっておかれたことがあったので……、と聞いてくる。

　百科事典の"カメレオン"の項を読み上げて回答。ありがとうまたお聞きしますので、よろしくといって、電話が切れる。

電話④：区立図書館から、いま利用者に聞かれていてわからないのだが、「国家人物誌」というのはあるか、安政6年にできたと利用者はいっている、と聞いてくる。

　もう『国書総目録』くらい調べているだろうと思ったが、念のため調べてみると、ある。「『国家人物誌』初編　高階惟昌編　安政6　跋　日比谷加賀」とあるので、まず、活字本になっていないか目録カードを調べて、活字本を所蔵していないことを確認して、次に、明治以降の全集・叢書の中に入っていないかを、『全集・叢書細目総覧』国立国会図書館編（紀伊國屋書店　1973-88年　3冊）を調べて、入っていないことを確かめて、『加賀文庫目録』東京都立中央図書館編　補訂版（八潮書店　1980年）を調べる。所蔵していることを確認して、特別文庫室にあると回答。『国書総目録』くらいは調べておいてもらいたいといつも思うが、区立図書館の蔵書を調べてみると、意外と持っていないのだ。

電話⑤：中年の女性から、「古代研究」という雑誌の論文に「春秋判別の歌の論理性について」というものがあるが、この「春秋判別」を何と読んだらよいか？

　ちょっと調べてわからない。これは人文科学室に聞いたほうがい

いかなぁと思いながら、ちょっとすぐにはわかりそうにないので人文科学室にも聞いてみたいと思いますが……、というと、それではお手数をおかけするので発行所を教えてほしい、そこに直接聞いてみるというので、新聞雑誌の冊子目録で調べてみると同名の雑誌を所蔵しているので現物を新聞雑誌室に調べに行く。「春秋判別の歌の……」という論文が掲載されているのを確認して、発行所をメモして帰る。お待たせいたしました。発行所は、早稲田大学文学部568、早稲田大学古代研究室となっております。ご質問の論文は第17号1984年11月55-57ページに掲載されておりますので間違いございません、と伝える。『古代研究』は過去に何種類も出ている。夕方、再びカウンター。

カウンター⑤：香料の保存方法について書いた本はないか？

　わからない。仕方がないので、香りの関係の分類コード7920、5766を紹介し、図書館での本と雑誌論文の調べ方を簡単に紹介して終わり。（これは、疲れていたのか、あまりにいい加減だったと反省する。）

●この日の質問件数、カウンター100件、電話187件。

9月29日（木曜日）　　くもり

　遅番。

電話①："日本発見"暁教育出版の1、12巻を見たいがあるか？

　念のため個別書名があるかと聞いたところ、1は「大和路」、12は「街道と宿場」であるとのこと。書名カードで調べると"日本発見……"ではない。個別書名「大和路」「街道と宿場」で調べるとある。所蔵していると答えて、個別書名で書名をとっていると伝える。

電話②：「ダイヤモンド企業ランキング1988」はあるか？

　年鑑の目録にない。『ダイヤモンド』の別冊らしい。新聞雑誌室に調べに行く。『週刊ダイヤモンド』の広告を見て行くといまも出

ている、買っていないのか、わからない。誠に残念ですが、所蔵しておりませんと答える。(あとで調べるとこれは毎年5月頃出ていて、所蔵していた。丁寧に調べればよかったとこれも反省。)
電話③：大正15年12月と昭和2年1月の新聞の縮刷版はいま書架にあるか？

　「あるか？」ではなくて「いま書架にあるか？」というのがにくい、いかにも急いでいるという感じ。またかと思いながら、新聞雑誌室に駆けて行く、ない。誰か使っている。駆けもどって、いま書架にはありませんというと、「ウーム!?」と受話器のむこうで唸っている。マイクロではないのか、というので、ある！　と答えると、すぐにコピーはできるかときた、できますと答えると、いますぐ行くといって、切れる。

　考えてみると、ここのところ1時間に1本は天皇陛下の関係の電話がかかっている、という感じだ。縮刷版を見たいというのは、なくなったあとの対応を考えておかなくてはならないということらしい。
電話④：今の竹下内閣に長谷川という大臣はいるか？

　当室で作っている新聞記事索引を調べて、いない。いないと回答する。

　当室では簡単な質問に答えられるように、新聞記事を索引化している。よく聞かれるであろう質問を想定してだが。社会科学室と自然科学室ではもっと丁寧に範囲を決めて切りぬきを作っている。こうしたことは外からはわからない。
電話⑤：中央経済社の「勘定科目全書」「ケース別勘定科目便覧」「勘定科目別決算処理の実務」の3冊はあるか？

　電算端末で検索するとある、ただし、『ケース別勘定科目便覧』の発行所は「ぎょうせい」になっている。そのように答えると、そちらは借りられないのだろう、と聞くので、そうだと答えると、日

比谷図書館は持っていませんか、と聞くので、同じようにして検索してみると、みんな所蔵している。所蔵していると答えると、いやぁよくお持ちですねぇと感心している。わたしいま、神奈川にいるんですが、神奈川県立図書館にお聞きしたらないというのでお聞きしたんですが……、日比谷の近くに支店がありますからいまから借りに行かせますので……。それでは、あるかどうか日比谷図書館に電話で確認してから行くようにお伝えくださいといって終わりにする。しかし、神奈川県立図書館が持っていないというのもにわかに信じかねる。聞き方が悪かったとか、何か理由があるのではないか。ところで、こうした利用の仕方は結構あるらしく、東急線沿線の都内の区立図書館は、川崎・横浜から、所蔵を聞かれることがあるという。当館にも時たまかかってくる。

　何年も前になるが、川崎市で行なった市民意識調査結果では、東急田園都市線沿線の区では、市内と東京都内の図書館利用が半々であったということがあった。東急田園都市線を使えば、一本で国立国会図書館がある永田町にくることができる。利用の便ということもあるようだ。

電話⑥：都内の市立図書館から、白洲正子の「書人伝記―藤原行成の日記」はないか？

　わからないので、人文科学室にも調査を依頼して、あとで電話をかけることにする。しばらくして、「書人の伝記―藤原行成をめぐって」だったと訂正の電話が入る。出典は、と聞くと『源氏物語とかな書道』駒井鵞静著（雄山閣　1988年）だという。さっそく人文科学室にも伝える。（しかし、これは結局わからなかった。）

カウンター①：研究者風の男性が、大正の頃出された「建築工芸叢誌」がこちらにあると聞いてきたが、わからない、わかるだろうか？

　どこをお調べになりましたか、と聞くと、雑誌目録から書名目録、自然科学室の所蔵の書誌目録など考えられるものをひと通り調べて

いる、すると残るは、特別文庫室だなとあたりを付けて、あるとすれば東京誌料か加賀文庫だなとそれぞれ目録を調べてみる。加賀文庫にある。これですね、と目録の該当部分を出すと、ありましたかとしばし見入っている。このあとはないのか、というので、これだけです、と答えると、いかにも残念そうに、このあとが見たかったのになぁといって、礼をいって帰る。それにしても、加賀文庫には意外なものがある、とカウンターでひとり感心する。

カウンター②：「福祉が人を殺すとき」という本の出版社を教えてほしい。

　電算端末で検索する。『「福祉」が人を殺すとき　餓死・自殺―相次ぐ生活保護行政の実態と背景　ルポルタージュ飽食時代の餓死』寺久保光良著（あけび書房　1988年）とわかる。センセーショナルな書名を付けたものだな、と思う。しかし、こうでもしないと売れないものなのか、とも疑問を感じる。

●この日の質問件数、カウンター74件、電話156件。

9月30日（金曜日）　くもり

電話①：韓国と日本の時差はあるか？

　『積極派地球人のための情報源』（アルク　1988年）18-19ページによれば、時差はない。

電話②：皮のなめし方について書かれている本はないか？

　書名カードで"皮のなめし方"で調べると、ずばり1冊。ただし、端末と分類カードで調べてもこの1冊だけ。

電話③：ぼん字が出ているものはないか？　赤坂図書館からそちらに聞いてみるようにいわれた。赤坂図書館で借りられるものを紹介してほしい。イラストを書くので参考にしたい、大きな図版がほしいのだが。

　書庫に入って、よさそうなものをとってきて数冊紹介。

電話④：「東南アジア　歴史と文化」年鑑だがないか？

　年鑑で調べてない。新聞雑誌の冊子目録で調べると雑誌扱いであった。

電話⑤：桂又三郎の「伊賀焼き」なんとかという本だがわからないか？　通史とか何とかについて書かれていたと思うが。

　著者名カードで調べると、ある。河出書房　1968年。当時いくらだったのか？　カードを見ると「59.7.14　¥8000」とある。これは古本屋から買ったものらしい。『出版年鑑』1969年を調べると「¥2800」。

　カウンターに交代のため行くと、補聴器をかけた老人が大きな声でしゃべっている。『漢文大系』を出納してもらっているらしい。代わってしばらくすると、本を抱えて返しにきて、また、続きを出してほしいという。大変そうなので、何をお調べですか、と声をかけると、実は朝からこれを調べているんだ、といって、「あれぇ……？」といいながら、右のポケットを探して、中のものをカウンターの上に並べて、ないないといいながら、左のポケットに移り、懐を探して、やっと「あった、あった」といって、これだと紙切れを差し出す。和紙に墨で書いてある。漢詩で、題は「怨歌行」。この詩の書き下したものが必要なのだという。作者は誰か分かっていらっしゃるのですか、と聞くと、それもわからない、日本人かもしれないし、とにかく全然わからないのだという。人文科学室で調べてもらったのか、と聞くと、昨日調べてもらったという。でも、わからなかったらしい。

　いま一度、調べてみようと、人文科学室から漢詩に関する参考図書をとり寄せて調べるがわからない。

　こういう時の最後の頼みは、諸橋大漢和（正式には、『大漢和辞典』修訂版　諸橋轍次編（大修館書店　1986年　13冊）、普通、"諸橋大漢和"の愛称で通っている。）そこで"怨"で調べてみる。

"怨歌行"の項目があり、例示がいくつかある。それと書かれたものを突き合わせてみると、曹植の「怨歌行」と同じ。では、この"曹植"は誰だろうと、『コンサイス人名辞典』外国編　三省堂編修所編（三省堂 1976 年）で調べてみると、三国志の時代の人であることがわかる。当室でわかるのはここまで。メモを作って、人文科学室に一緒に行き、カウンターで曹植の「怨歌行」の書き下しを調べてくれるよう頼んでくる。老人は、大変喜んで、名刺をいただきたいといったが、当館では名前はいわないことにしているので、と断る。

●この日の質問件数、カウンター58件、電話165件。

10月4日（火曜日）　晴れ

　朝から日比谷図書館が閉館していることもあってか電話が多い。クレームが１件、新聞雑誌室の利用時間について。電話で問い合わせた時に、利用時間をいわなかったのは不親切だというもの。

カウンター①：ジェームス・ディーンが死んだ時の状況がわかるような資料はないか？

　書名カード、「人物に関する年譜・著作目録・参考文献」のカード、『大宅壮一文庫雑誌記事総目録』の人名編で調べる。伝記、写真集がある。それを紹介。

カウンター②：平家物語と仏教、仏典に関する文献はどうやったら調べることができるか？　という女子大生。

　『邦語文献を対象とする参考調査便覧』で調べて、レファレンス・ブックを書名カードで調べて、これをご覧になってあとはご自分でお調べください。（学生にはひどく冷たいときがある。あるとき、電話で、そんな態度が向こうにも伝わったのか、ちゃんと調べたのか？　といわれたことがあった。）

カウンター③：エステティックサロンの所在地を書いたリストはな

いか？　また、それぞれのサロンでどういう商品を扱っているかわからないか？　と中年の女性、少し派手な洋服。

　ちょっと考えてもわからない。カウンターの端末で書名キーワードで"エステティックサロン"と入力して探してみるが出てこない。仕方がないので、社会科学室から『キーワードインデックス年報』1988（日本能率協会総合研究所マーケティング・データ・バンク 1987 年）と『マーケティング資料年報』1988（日本能率協会総合研究所マーケティング・データ・バンク　1987 年）をとり寄せて調べてみると、エステティックサロンの経営に関する調査や実例に関するものがいつくかある。それらを紹介し、入手方法について案内して（といっても直接出版元にあたるほかないが）、あと『大宅壮一文庫雑誌記事総目録』でエステティックサロンについて書いた雑誌記事が見付かったので、それを紹介する。

電話①：フランス語の手紙の書き方を書いた本はないか？　との中年の男性。

　さっそく書架に行って数冊抱えて帰ってくる。こんなのがありますと答えると、実は、結婚記念日にお祝いの手紙を書きたいのだが、何と書いたらいいのかわからない、そうした文例は載っていないか？　という。これは、むずかしいと持ってきた本をめくってみるが出てきそうにない。これは、ちょっとわかりそうにないので、フランス語の本でないだろうかと、探してみるが、ありそうにない。大変お待たせして申し訳ないのですが、わかりません、と答える。

電話②：「国訳本草綱目」のなかで「麦飯石」について書いてあるところがあるはずだが、どこかわからないか？　と区立図書館からの質問。

　書名カードで『国訳本草綱目』を見ると 15 冊ある。しかし、カードだけではどこに入っているのかわからない。本を持っている自然科学室にまわしますから、そこで出た者にもう一度お手数ですが

ご質問ください、と伝えるが、よく理解できないらしい。そこで、もう一度、当館の質問受け付けのシステムを説明してから、請求記号をメモしてもらって自然科学室へまわす。

1番目の電話に、フランス語で表現してある国名を英語では何と表記するのか？　という質問がかかってくる。4つあるというので、1番目と2番目の電話の担当者が手分けしてとりかかる。ところが、2番目の電話のベルがすぐ鳴ったので、3番目に座っていた私がとった。結城昌治が「サイトウサンキ」について書いているはずだがわからないか？　京大俳句事件というのが昭和10年代にあったが、それを題材にとった小説だが……、というので、さっそく書名カードを調べに行く。いろいろ調べたがわからないので、これは人文科学室におまかせするほかないなと思いながら電話のところに帰ってきて、お待たせして申し訳ありませんが、書名カードなどではわかりませんので、関係の資料を持っていると思われます人文科学室へおまわしします。お手数ですが、出た者にもう一度お聞きください、といって、人文科学室へまわす。

受話器を置くと、間髪を入れずに新しい電話がかかってくる。質問を聞いて、書名カードを調べていると、白石さんが大きな目をめいっぱい大きくさせて飛んできて、「大串さんがとったのあのままになっているけれど……」という。よくわからないが、まずいことをしているらしいことはよくわかるので、大急ぎで電話のところにもどって、2番の電話の受話器をとって、お待たせしておりますが……と質問の内容を確かめると、「結城昌治……」というので、しまったと思ったけれど、もう遅い。平身低頭謝って人文科学室へまわす。

入れ代わりに、まちがえて人文へまわしてしまった3番目の電話について、人文科学室の係長の平川さんが降りてきて、変な電話がかかってきているがどうしたのか？　と聞くので、事情を手短に説

明して、電話をもどしてもらう。

　３番目にかかっている電話になんとか答えて受話器を置くと、また電話だ。反省している間もなく、電話のむこうの質問のメモをとる。電話が３本とも入っていると誰かがしゃべっているので、聞きとりにくい。３番目の担当だったのに、２番目があいたので繰り上がって調べて帰ってみると３番目にもかかっており、てっきりそれをやっていたのだと思いこみ、利用者の質問内容を確かめもせず、人文科学室へまわしてしまったというわけだ。ひどいミスだ、質問はいつも確認しながら進めるようにしなくてはならない……と、頭のどこかで反芻しながら、質問に答えている。

電話③：前島密の伝記はないか？　という区立図書館からの質問だ。

　『日本人物文献目録』で前島密の項を調べて、メモをとって、書名、著者名カードで所蔵を確かめる。『鴻爪痕［自叙伝回顧録遺文及追懐録］』市野彌三郎編　東京　前島彌　大正９年、『郵便の父　前島密遺稿集」郵便創業談　逓信協会編　1936年　を所蔵しているので、紹介した。

電話④：「新中国の考古学」平凡社　1988年4月頃、出たものはあるか？

　書名カードと端末で調べるが、ない。申し訳ありませんが所蔵しておりません、と受話器にむかって頭を下げる。

電話⑤：エドガー・スノーの「めざめへの旅」は所蔵しているか？

　著者名カードで"スノー、エドガー"で調べると『エドガー・スノー著作集』第４巻（筑摩書房　1973年）の「内容細目」に「めざめへの旅」は記載してあった。内容細目というのは、大変役に立つ。

電話⑥：世界の橋の歴史について書いた本はないか？　という中年の男性。

　端末で"世界"と"橋"のかけ合わせの検索をして、分類カードで橋が分類されているコード5150の部分のカードボックスを持っ

てきて数点紹介する。と、実は……1910年代のアメリカで作られた道路の橋について知りたいのだが……というので、今度は端末で"アメリカ"と"橋"のかけ合わせての検索をして、また分類カードを探す。適当なものが出てこないので、うまく出てきませんので関係資料を持っている自然科学室におまわししますので、出た者にお手数ですが相談係でわからなかったのでといって、ご相談ください……、と自然科学室へまわす。

電話⑦：祝儀の起源、特にお金でやりとりする起源がわからないか？と女子大生。

　事物起源、風俗関係などの当室にあるトゥールで調べるがわからない。『邦語文献を対象とする参考文献調査便覧』を調べると一般的な事物起源の事典類はあるが、祝儀の起源が記載されているかどうかわからない。『日本国語大事典』日本国語大事典刊行会編（小学館　1972-76年　全20巻）で「祝儀」の項を見ると用例はあるが、初出かどうかわからない。『古事類苑』神宮司庁編（吉川弘文館復刻版　1967-1975年　全51冊）もザーッと索引をみるがうまく出てこない。仕方がないので、調べた経過を説明し、さらに社会科学室で調べてもらうように伝えて、社会科学室にまわす。（もっとも『古事類苑』の索引はこうした風俗や庶民生活にかかわるものはあてにならない。以前にも索引になかったので「ない」と安心して、ほかのも調べて出なかったので、「わかりません」と答えて、そのあとで興味半分に関係の項目の本文を見ていたら、なんと3ページにわたって記述が出ていたということもあったのだから……。）

電話⑧：肥田春充という人がいる。この人は、昭和31年頃なくなっているのだが、この人の著作は所蔵していないか？　という中年の女性、いかにも仕事らしい。

　著者名カードで調べるがない。『日本書籍総目録』を調べると『河合式強健術』など4冊もある。いまも書店で手に入るらしい。

これを伝えると、昔、河合春充といっていたそうで、その名前でもう一度調べてみてくれというので、著者名カードと端末の著者名で調べるがわからない。申し訳ありませんが、所蔵しておりません、というと、国立国会図書館では所蔵しているかどうか電話で調べてくれるだろうか、と聞くので、著者名、書名がはっきりわかれば電話でも調べてもらえるだろうと答えると、じゃ、すみませんが、書名を教えてください。『日本書籍総目録』に記載されている4冊をゆっくり読み上げる。

電話⑨：泉重千代が死去したのはいつかわかりますか？　いろいろ調べたんですがねぇ……。

　さぁ、と答えて、当室で作成している新聞記事索引カードのうち人物索引カードを調べてみると、あった。『読売新聞』1986年2月22日朝1面の記事に、2月21日120歳で死去したとある。都立中央図書館の自館作成書誌索引類もすてたものではない。電話のむこうでも、よくわかりましたねぇ、と喜んでいた。

電話⑩：若い女性の声で、そちらの図書館の閲覧システムはどうなっているでしょうか？　という質問。

　簡単に説明すると、天皇陛下の関係の図書をすべて見たいのですが？　というので、調べ方を説明すると、じゃ、これから行きます、と急ぎのようす。このところ、天皇陛下の関係の図書についての質問が多い。

　このあとカウンターに出ていると、若いOLがあたふたと駆けこんできて、さっき電話してあるというのできたのですが、天皇陛下の……、すぐカードのところに案内した。

●この日の質問件数、カウンター102件、電話227件。

10月18日（火曜日）　くもり

電話①：七福神が宝船に乗っている図はないか？

書名カードで"宝船……"で調べる。『宝船百態』文献資料蒐集研究所編（村田書店 1978 年）が出てくる。これがよいと紹介。七福神が宝船に乗っている図は結構ある。特別文庫室の東京誌料の中にもあるし、明治になると自動車に乗った七福神が出てきたりする。

電話②：高橋是清の自伝はあるだろうか？　それと「高橋是清一代記」というものはあるだろうか？　という区立図書館からの質問。

　『日本人物文献目録』の高橋是清の項を調べると、『高橋是清自伝』高橋是清著（千倉書房　1936 年）というのがある。書名カードで所蔵を調べると所蔵している。「高橋是清一代記」は、『日本人物文献目録』を見るかぎり、ない。ただし、「是清一代記　高橋是清述　朝日新聞　昭 4 〜 5　2 巻 2 冊」というのはある。しかし、これは残念ながら所蔵していない。これを伝える。

電話③：通産省の職員録はないか？

　端末で検索すると『通産ハンドブック―通産省職員録・主要団体名簿』1988 年版（商工会館　1987 年）という年鑑はある。社会科学室に聞いてみると、係長以上は住所が出ているとのこと。これでなければ大蔵省の『職員録』（大蔵省印刷局　年刊）があるが、これは課、係単位に名前が出ているだけ。本庁の課長以上は、これで人名を確かめて『人事興信録』（人事興信所　隔年刊）などで経歴を確認する方法はある。以上の調べ方を伝えると、自分で調べてみるといって、電話が切れる。

電話④：黒田藩の家臣について書かれた文献を探しているのだが、そちらにはどんなものがあるだろうか？

　『東京都立中央図書館蔵地方史誌関係図書目録』（東京都立中央図書館　1983-85 年　2 冊）で黒田藩関係の文献を紹介すると、それでは見に行きたい、どこで相談すればよいのか？　というので、とりあえず、1 階の相談カウンターにいらしてくださいと答える。

電話⑤：「現代陶芸家名鑑」はないか？

　書名カードで調べるとある。『現代日本の陶芸』別巻の「個別書名」で、書名分出してあったので、すぐにわかった。講談社1985年9月刊。貸し出しはできるか？　残念ながら参考図書の指定となっていますので、館内でご覧いただくだけです。申し訳ございません、と答える。

電話⑥：金嬉老が起こした事件があったが、発生年月日はわからないか？

　『現代人物事典』（朝日新聞社　1977年）の"金嬉老"の項の記述で1968年2月であることを確認して、『近代日本総合年表』第2版（岩波書店　1984年）で2月20日発生と確認。これを伝える。

カウンター①：甲申目録の文献考証の本を持ってきて、これはないか？　という学生。

　指差す先をよくよく見ると、「韓国近代思想叢書　金玉均集」とある。刊年、出版社は書いていない。学生なので、当館での探し方を案内する。

カウンター②：政府刊行物はどこにあるのでしょう？　という若いOL。

　誰かに調べてくるようにいわれてきているらしい。何をお調べですか、と聞くと、労働省関係だという。労働省でもいろいろございますが、特定の本をお探しですか、就業規則の手引書を探しているんです、近くの図書館に行ったんですけどォ、1973年のものしかなくってもっとほかにないかと思ってきたんですけどォ、と語尾を上げる、当世風ギャルのしゃべり方。

　端末で、「書名中キーワード」に"就業"と"規則"とを入力して探すと3664に手引書は何冊かある。通覧画面を呼び出して、文献の一覧を見てもらう。これがよさそうというものの詳細画面を呼び出し、その中でも『就業規則作成の手引』（東京法令協会　1984年）がよいというので、請求記号と書名をメモしてわたして、2階

に行って探すようにいって送り出す。

　しかし、これは大失敗だったことがあとでわかった。というのは、たまたま、後日ほかのレファレンスで『ジュリスト』を調べていると、1988年のはじめに法律の改正があって、1988年5月に『改正しましたか就業規則　労基法大改正で手直し必要　その実務とモデル例』野田孝編　改訂版（中経出版）、9月に『新しい就業規則・労使協定作成の手引　改正労基法にもとづく労働時間短縮をめざして』労働法規研究会編（労働法令協会）が出されていることがわかったからだ。これにはちょっとまいった。

　結局、原因は、端末に頼ってしまって、整理が遅れていること、そのために、新しい本がデータとして入力されていなかったこと、これを見ぬけなかったことにある。さらに、こうしたハウツーものは選んで購入しているので、電算のデータベースの中でも、IPDB、出版DBも検索してみる必要があった。手順としては、電算の端末でそうした調べ方をすると同時に、「新刊情報」の類でさらに調べることだ。この場合、少なくとも「新刊情報」の類を調べれば、労働基準法改正以降の本を紹介することができ、その入手の方法もアドバイスできたわけだ。

　それにしても、この時期、整理が遅れていた。社会科学や自然科学の分野のレファレンスでは、こうした整理の遅れは致命的な欠陥を生んでしまう。こう遅いと、社会科学、自然科学関係の利用者に逃げられてしまう。（いまはこうしたことはなくなっている。）個人的には、最近4〜6ヵ月の出版物は、ニッパンブックサロン、大型書店、区立の中央図書館でチェックすることにしている。もっともこれは、個人的な仕事でどうしてもという時にかぎられるが。

カウンター③：菓子の歴史を書いた本はないか？

　書名カードで"菓子……"から調べてみると、『菓子の文化史』締本信太郎著（光琳書院　1974年）があったので、こういうもの

があります、とカードを見せて、書庫の本なので……と資料請求の仕方と資料請求票の書き方を案内する。
●この日の質問件数、カウンター100件、電話237件。連日多い。

10月19日（水曜日）　晴れ

　朝9時半の開館から11時半頃まで、3本の電話がと切れることなく鳴り続ける。『日本経済新聞』の所蔵についての問い合わせが多い。何かあったのか？

電話①：「国連貿易統計年鑑」1966年版は持っているか？　と中年の男性。

　当館では『貿易統計年鑑』で書名をとっている。"1966"（国際連合統計局編　原書房　1968年）は所蔵している。お待たせいたしました、所蔵しております、と答えると、栃木県から電話をしているという。県立図書館に聞いたが新しいものしかないんでそちらに聞いたんだ、といってから、今週の土曜日はやっているか、コピーはどうなっているか、などたて続けに聞いてくる。

電話②：「アイタセイノ　ハッタツ　シンリガク」という本はないか？　有斐閣が出したものだという女子大生。

　書名カードで"アイタセイ……"で調べてみるが、ない。端末で"発達心理学"で検索してみると、『愛他心の発達心理学』高野清純著（有斐閣　1982年）が出てくる。これでしょうか、と聞くと、「あぁ、それです」という。こういう時、電算は威力を発揮する。もっとも電話で聞き違えたのが、そもそもの問題なのだが。

　こうやって記録をとっていると、聞き違いというのが、意外と多いことに気付く。

電話③：「日本賢女百人伝」「日本女子百傑」は所蔵していないか？

　書名カード、東京誌料、加賀文庫の目録で調べるが、ない。所蔵していない、と答えると、国立国会図書館にはありませんかねぇ

……?『国立国会図書館所蔵明治期刊行図書目録』(国立国会図書館　1971-76年　6冊)を調べると、あるので、国立国会図書館では所蔵しておりますと答える。

　『日本賢女百人伝』山崎彦八編　八尾書店　1894年
　『日本女子百傑』塩井ふく著　春陽堂　1898年

カウンター①：「土佐偉人伝」という本はないか？　という老人。
　もう、何かお調べになりましたか、と尋ねると、書名カードは調べたという。それなら、あるとすれば東京誌料か加賀文庫だろうと思って目録を調べてみるが、ない。ないようですねぇ、というと「エッ!?　あると聞いてきたんですが……。」書名カードをお調べになったとおっしゃいましたが、どこのカードをお調べになったのですか？　あそこのカード……と指差す方向を見ると、東京室の灰色のカードだ。あそこにはないんです……、といいながら連れ立って黄色のラベルの書名カードのところに行って調べると、あった。
カウンター②：10月1日発表の総理府の統計で消費者物価があったが、どこかにないか？　とサラリーマン。
　10月1日発表なら新聞記事で探せば概略はわかるはずですが、少し詳しいのとなると、『官報』か統計関係の雑誌記事になるでしょう、と答えると、去年のでもいいんですが……、というので、事務用の『日本統計索引』日本統計索引編集委員会、河島研究事務所編（日外アソシエーツ　1975年）と『日本アルマナック』(教育社年刊)を持ってきて調べる。こういう場合、『日本統計年鑑』巻末の事項索引から調べる方法がよい。調べながら、ところで消費者物価といっても、小売物価と消費者物価指数などがあると思いますが、何をお求めですか、と聞くと、いやその……と少し困った顔になったので、種類は、野菜の値段とか運賃とかいろいろありますが……、

家賃を調べたいんです、それも市単位で知りたいんです。それなら、消費者物価というより住宅関係の統計がよいようですねぇ……、ちょっとお待ちください、えぇーっと『住宅統計調査報告』（総務庁統計局　5年に1回刊）にそうした数値があるようです、といって、メモをとって、これを2階の社会科学室で探してください、3653という分類番号の本が並んでいるところにあるはずです、わからなければ2階にもカウンターがあるので、そこで聞いてください、と案内する。

　10月1日の発表とはなんだろうと新聞雑誌室に行って、新聞記事を見ると「全国物価統計」だった。

カウンター③：高校生が2人できて、旅行に関する雑誌が見たいのですが？　という。

　特に何か特定の雑誌をご覧になりたいのですか、と聞くと、特にはないというので、それではと一緒に新聞雑誌室に行き、雑誌の分類カードで"旅行"のところを見せて、調べ方と請求の仕方を案内する。

●この日の質問件数、カウンター83件、電話191件。

10月20日（木曜日）　　晴れ

　今日は事例採録の日。受けた質問について、すべて記録をとる。もちろんどういう回答をしたかまでもだ。

電話：モーム（Maugham, William Somerset）の"The Painted Veil"のペンギンブックスの初刷りを知りたい、と学校図書館から。地方の人から聞かれている、論文の注に書きこまなくてはならないのだがわからない、東京にきて確認する時間がないので……と電話が入ったのだが、そちらでわからないか？　慶應大学の図書館に聞いてわからなかった。

　ウーン、慶應大学図書館でわからなかったものが、こちらでわか

るかなぁ、と思いつつ調べる。わかりそうにないので、電話を切って、人文科学室に聞いてみる。（が、結局わからなかった。）

3時からカウンター。

聞きにくる人が多い。並んで待っている。

カウンター①：資格試験の案内書はないか？

正確な書名は、と聞くとわからないというので、「全国資格試験全書」だったか「日本資格試験全書」だったかと思いつつ、端末で逐次刊行物のデータベースを選んで"資格"で検索してみる。4件出てくる。そのうちから『国家試験資格試験全書』（自由国民社　年刊）を選んで詳細表示を見て、1988年版があるので、請求記号のメモをとってもらい、社会科学室で探すように案内する。

カウンター②：帝国ナントカという会社録があったと思うが、あるとすればどこに行けばよいか？

会社録は2階の社会科学室のカウンターの前にあるので、そこに行って探すように案内する。これは、帝国データバンクが出版している『帝国銀行会社年鑑』のこと。所蔵している。

カウンター③：明治に出版された『文部省百科全書』文部省編（青史社　1983年　24冊　明治9-16年の復刻版）を出納していた利用者がきて、探しているものがこれではない、という。よくよく聞いてみると、毎年文部省の学術研究補助金を申請して受理された研究で、報告書が出ているものがあるはずだが、その報告書は入っていないだろうか？　ということだった。

それは本の形にならないと当館には入ってこないし、入ってきてもまとめてではなく各冊毎に整理しているので、タイトルがわからないと探しようがない、というと、じゃ国立国会図書館に行って探してみますといって立ち去る。後ろ姿を見送りながら、ここ何年かに出された報告書を探しているのに明治の頃の『文部省百科全書』を見てしまうようなことで、国会図書館に行ってなんとかなるのか

なァ……。追いかけて行って、国立国会図書館での調べ方を案内したい気分になったが、横から次の利用者が声をかけてくる。(国立国会図書館では、新館の官公庁資料室に入って、すぐ右手の書架に目録がずらりと並んでいる。)

カウンター④：コピーを差し出して、この人の研究書を見たい、という女子大生。外国の文学者だ。

それなら……と調べ方を案内するが、全然自分で調べようという気がないらしく、カウンターに座って動こうとしない。イライラして、『邦語文献を対象とする参考調査便覧』を調べてみると、講談社の『世界文学全集』の第100巻にその人に関する研究があるらしい。講談社の『世界文学全集』の第100巻が記載されているページの該当のところを指で示しながら、これに出ているようですよ、といっても、うなずくだけで動こうとしない。仕方がないので、立って書名カードを調べに行く。カードを見ると、年譜と解説がある。まず、これを調べて……とメモをわたして3階に行ってもらう。大学図書館では、いまのような学生には、どんな対応をしているのだろう。

カウンター⑤：また女子大生、Edith Warton"Ethan Frome"という洋書を差し出して、この本の訳はわかりませんか？

『東京都立中央図書館蔵合集収載翻訳文学索引　1945-1975』で"ワートン"を見ると「ウォートンをみよ」、"ウォートン"のところで、『現代アメリカ文学全集』18（荒地出版社　1958年）に収録されていることがわかる。それを見せながら、調べ方を説明すると、

えっー?!　ウォートンで調べるんですかぁ、エディスで調べるんじゃないんですかぁ、と驚きの声を上げる。外国人も日本人も同じように姓、名の順で調べるのです。ついでに人文科学室での書庫出納の方法も案内する。

カウンター⑥：新聞記事のコピーを持ってきて、これはどこにある

か？

　よくよく見ると「賃金センサス」の統計表の一部。分類コードを教えて、2階の社会科学室を案内する。

カウンター⑦：アメリカの会社録はどこに置いてあるか？

　これも2階を案内する。

カウンター⑧：女子大生がコピーを持ってきて、この本の著者が誰か知りたいのですが？

　洋書。いつ頃出版されたのかなど聞くが、さぁ……と頭を傾けるばかり、とりあえず"Books in Print"からはじめてみましょうか、と"Books in Print"がある書架にいって1987-88年版を手に取ってめくってみる。すぐに見付かる、1950年に出版されたもの。日本ではちょっと考えられない。よく在庫として持っているものだと感心をする、といってもこのくらいでは驚いてはいけないのだが……。記載されている書名、著者名などの見方を案内しながらそれとなく聞いてみると、図書館学の課題で調べてくるようにいわれたものだそうだ。このように、現場でもよく聞かれる質問を練習問題に使うなら、学生のためにもいいが、中には、こんなもの一生に一度聞かれるかどうかという問題を出す先生がいるらしい。また、教科書にもそういう問題が出ている。それを聞いてこられて、閉口することがある。

●この日の質問件数、カウンター84件、電話160件。

10月21日（金曜日）　くもり

　遅番。

電話①：「全国スキー場ゲレンデ案内」を昭和50年から持っていないか？

　いろいろ調べてみたが、所蔵していなかった。

電話②：「能楽手帳」はないか？　権藤芳一が書いて1979年に駸々

堂から出たはずだが。

　書名カード、端末で調べたが、ない。じゃ、全国の能楽堂がわかる本はないか、というので、人文科学室へ回送する。

電話③：音楽の歴史について書いた本はありませんか？　という若い女性。

　いつ頃のことを書いた本がよろしいのですか、1960年以降です。日本のことですか、世界のあるいは外国の特定の国のことですか、日本です。ジャンルは、ポピュラーとかジャズとかありますが……、ヒット曲です。それでは少しお待ちください。

　書名カードなどを調べるが、適当なものが出てこない。『日本書籍総目録』などを調べると出版されてはいる。それらはことごとくない。どうもうまくない。結局、調べた経過を説明して、おしまいにする。（あとで、人文科学室にまわすべきだったか、あるいはもっと特定のヒット曲について調べていたのかもしれない、こちらの聞き方が悪かったのかなどと考えてしまった。でもねぇ、もう少しこういう分野の本も買ってくれていてよさそうに思うのだが……。中島みゆきやサザンオールスターズを書いた時、当館はほとんど役に立たなかったけれど。）

　5時からカウンター。

カウンター①：ヘンリー・ソローの"Working Man"という本を持ってきて、この本はないか？　という男子学生。

　『明治・大正・昭和翻訳文学目録』で調べると、ある。岩波文庫の中にある。調べ方を案内する。

　出納が午後6時頃からひとしきりある。

カウンター②：河出書房の「世界文学選集」第2巻が調べたいのですが、わからないんです。ここにはないんでしょうか？　という女子大生。

　一緒に書名カードのところに行って、めくってみると、ある。"セカイブンガク……"のところはカードがたくさんあって途中で

音を上げたらしい。同じ書名でも並べ方に法則があるので、その法則さえ知っていれば、なんということはないのだが……。

　カウンターにもどると、学生が待っている。文献のコピーを出して、この雑誌はどのようにして探せばよいだろうか？

　新聞雑誌室を案内して、ついでに調べ方も紹介する。

　入れ代わりに、この雑誌の総目次はないか、コピーを差し出す別の学生。

　天野敬太郎の『日本雑誌総目次総覧』（日外アソシエーツ　1985年）を調べてみると、総目次はある。当館の雑誌目録で雑誌の所蔵を調べてみるとこれも所蔵している。新聞雑誌室に行くように勧めて、調べ方、閲覧の仕方を案内する。

カウンター③：『国書総目録』に出ていない本はどうやって調べたらよいのだろうか？　という男子学生。

　昼間もほかの人が電話で聞かれているので、書架を案内しながらさりげなく聞いてみると、先生が出した課題で、どこでもよいので調べてくるようにいわれて、現物を見てコメントを付けなくてはならないとのこと。各地の郷土資料目録や文書館、博物館の文書目録を見せて、この中から探すように案内する。

カウンター④：外国人が"わたし、日本語わかりません"といいながら、しゃべりはじめる。"私も英語はわからない"と英語で答えて、話すのを聞いていると、3階に行って正倉院の宝物について調べてもらったが、自分の探しているものではなかった。で、ほかにないだろうか？　という。何を紹介してもらったのか、と尋ねると、何冊か現物を見せる。カード目録で調べてみると、ほかに2冊あるので、人文科学室の書庫から持ってきて、見せると、これだという。カウンターで見てもらう。

●この日の質問件数、カウンター84件、電話210件。

10月22日（土曜日）　晴れ

電話①：判例集は所蔵していますか？　分野は何でしょうか。交通関係なんですが、最新のものはあるんでしょうか？

　あるはずですが……、では、調べてきますので……いいかけると、じゃ、行きます、と電話は切れてしまった。しまった！　と思ったがもう遅い。来てみて最新のがなかったらさぁ大変。こういうのが結構多いのだ。こちらの勘違いということもあるし、やはり、正確に現物を確かめてから「ある、なし」をいうべきだったと、悔むことしきり。

電話②：「幕末明治新聞雑誌全集」はあるか？　といきなり聞いてくる。

　調べて所蔵していると答えると、「中外新聞」が入っているはずだが、ページ数を教えてくれというので、現物を持ってきて答える。ありがとうともいわず、「郵便報知」と「横浜毎日」は所蔵しているかとたたみかけてくる。少しいやな気がしたが、調べて「ない」と答える。どこか持っているところを知らないか？『全国マイクロ新聞所蔵一覧』で調べると、A資料館、B新聞社などで所蔵しているとある。それぞれ聞いてみたらといって、紹介する。書いてしまうとたったこれだけだが、説明したり、聞きかえしたりして、時間がかかった。聞き方がひどく横柄で、礼儀を知らぬ風で、話しながらどうもこういう人はいやだな、と思いつつ、終わる。

　午後になって、電話を受けていると、隣で宍戸さんが何か謝っている。どうしたのかと思って聞くともなく聞いていると、この件らしい。「ぼくが出ましょうか？」と紙に書いて見せると、首をふる。あとで聞いてみると、要するに公開していないところなど教えるなということだった。しかし、こちらは、公開していないかもしれませんのでよく聞いてくださいといって、紹介したわけだし、そんな苦情をいわれる筋合いはないとやや憮然とする。

A資料館には何といっているのかなと思って、電話を入れてようすを聞いてみると、確かに所蔵の照会があって、あると答えたら、後日来館するということだった。それならわざわざこちらに文句の電話を入れなくてもいいじゃないかと、また憮然とする。B新聞社に電話して断られたらしい。新聞社も新聞社だ、利用者サービスの一環としてマイクロぐらい見せてやったらどうなんだと、これも少し頭に血がのぼる。

電話③：「最高裁判所裁判例集」というのはないか？

　『最高裁判所民事裁判例集』『最高裁判所刑事裁判例集』ならあるが……、と雑誌目録を見ながら答えると、それではない、「最高裁判所裁判例集」第150号と書いてあるので間違いはない。ないか、と重ねておさえ付けるように聞いてくる。国立国会図書館の目録を見るが出てこない。結局、わからないと答える。（しかし、無知とは恐ろしいもので、『最高裁判所裁判例集』というのはあったのだ。これもあとの祭りの話。）

電話④：「住宅統計年報」のマイクロをそちらか、国会か、日比谷で見たことがあるが、そちらは持っていないか？

　社会科学室に電話して聞いてみると、当館では持っていないという。ない、と答える。

電話⑤：関西経済連合会という団体が出している雑誌で「関経連四季報」とか「調査資料」とかいうものがあったはずだが、どんなタイトルか正確にわかるか？

　『雑誌新聞総かたろぐ』で調べると、関西経済連合のもとに発行雑誌が並んでいる。『関経連四季報』のところをページをめくって、発行、判型、年間購読料などを伝える。

カウンター：「ダイゴジショヨウロク」という本の活字本が昭和26年から28年にかけて出ているそうだが、ここにはないか？　と中年の女性。

いろいろ調べたがわからない。わからない、と答える。（これはあとで指摘を受けたのだが、『国書総目録』で調べると、50音順で「ダイゴジショヨウロク」の少し先に「ダイゴジシンヨウロク」、つまり『醍醐寺新要録』がある。これではないかということだ。確かに大変似ているし、聞き間違いの可能性もある。利用者には『国書総目録』の該当のところを見せて、これではないかと尋ねるべきだった。こちらの不注意かもしれない。）

　また、しばらくしてから国立国会図書館と内閣文庫は同じものなのか、と聞いてくる。『類縁機関名簿』を見せながら利用方法について説明する。

●この日の質問件数、カウンター71件、電話113件。

10月23日（日曜日）　晴れ

　朝からカウンター。

　畜産をめぐる貿易摩擦などを調べるにはどこの部屋に行けばいいか？　洋雑誌はどうやって調べればいいか？　という学生の質問が相次ぐ。

　戦前1930年代の在日外交官の名前がわかるものでリスト形式のものがよい。「世界年鑑」の古いものはあるか？　「毎日新聞」のマイクロフィルムはどこに行けばよいか？　ストレスについて調べたいが……？　東京関係の資料を見たい、新聞の今年の9月の記事を調べたい、人口の変動と交通手段の分布の関係を調べたい、人口の毎年の変化を追える資料はないか、などが続く。

　3時からまたカウンター。

カウンター①：フランス語に関する本はないか？　という学生。

　言葉そのものか、言語学か、それともフランス語で書かれたフランス語に関する本が必要なのか、と聞くと、フランス語で書かれた本だというので、洋書の分類カードのところに案内して、分類から

調べるように勧める。

カウンター②：「続日本紀」の索引を調べたいのだが、人文科学室に行って調べてみたが見付からない、どうしたらよいか？

『邦語文献を対象とする参考調査便覧』を調べると『新訂続日本紀索引』全2　熊谷幸次郎編（文献出版　1979年）が挙げられている。それを見せながら、書名カードからもう一度調べ直すように案内する。

この場合、書名が、「新訂続日本紀索引」となっているか、「続日本紀索引　新訂」になっているか、どちらが採用されているかが問題となる。いずれにせよ、"シンテイ……"と"ショク……"と両方から調べてみる方がいい。また、「続」を「ショク」と正しく読んでいればよいが、「ゾク」と普通に読んでいたりすると、わからなくなる。これも両方で調べる方がいい。歴史的な表現の時、こちらが歴史的読み方に通じていても、図書館側が、普通の読み方を採用していると、所蔵しているものも、わからないということになる。当館の場合、有名な作品は歴史的な読み方を採用しているので、こうした行き違いはないが、ややマイナーなものは、現代の読み方をしているものがある。とにかく労をいとわず、いく通りか、考えられる読み方で探してみることだ。自分が専門家だと思いこんでいる人ほど、失敗しているようだ。

これは歴史的な読み方だけでなく、現代の専門用語にもあてはまる。専門領域の固有の読み方で、カナが正しくふられていないと、憤慨して、だから図書館員のレベルは低いのだ、とおっしゃる人がいるが、そうした人にいつもお尋ねするのだが、図書館が扱う本の領域は森羅万象に及ぶのだから、あなたが同じような条件で同じように仕事をして、すべての分野の固有のヨミに通じていて、きちんとヨミをふれるのか、と。大体、専門家の中でもいい加減にやっているじゃないか、と指摘をすると、確かにその通りだということに

なるのだが……。図書館も努力しているといっておこう。ただ、日本語特有の問題かもしれないが、各専門毎にあるこういう隠語めいた固有の読み方はやめて、一般的な普通の読み方に統一した方が、これからの日本の学問全体のためにいいのではないだろうか。学際的なテーマを研究する時は、大変困ることがある。同じ漢字の形のものでも、ある領域ではAと、別の領域ではBと読むのだから。

カウンター③：Henry Jamesの"The Portraint of Lady"の訳本はないだろうか？　カードを調べたがなかった。

　『東京都立中央図書館蔵合集収載翻訳文学索引　1945-1975』を"ジェイムス、H"で調べると「ある婦人の肖像　斎藤光訳　筑摩書房　1969　世界文学全集　39」ほかがある。それを見せて調べ方を案内する。

　1日中、学生の質問を処理し続ける。

　時たま、カウンターに大学教授の名刺を出して質問してくることがあるが、本当にわかっていないのかなぁと思うような、初歩的なことであったりする。(何故、名刺を出すのかわからないが……。何か特別な扱いでも期待しているのだろうか？　某国立大学の教育学部の助教授が名刺を出して書庫を特別に見せてほしいときたことがあったが、日本では、公立図書館は普通、利用者によって差を付けるようなサービスはしていないこともご存じないらしい。)

●この日の質問件数、カウンター117件、電話44件。午後満席。

10月24日（火曜日）　　くもり

カウンター①：畜産をめぐる貿易摩擦などを調べるにはどこの部屋に行けばいいか？　洋雑誌はどうやって調べればいいか？　という学生の質問。昨日の続き。かなり面倒くさくなりつつある。こういう時が要注意だ。思わぬ質問が飛びこんできたりする。

　例えば、昨日、ほかの人に聞いてみたがわからなかったので、ま

た、続きを聞くというケースだ。そうしたことを最初にいってくれればまだ、どのような質問をして、どこまで調べていて、こちらがどういっているのかわかるのだが、なんともいわないと、また最初からやり直しということになる。すると、そこはもう聞いたと利用者もイライラするわけだ。昨日、調べてくれるといったじゃないか？　もう調べてあるか？　と聞かれてよくわからない時があるが、これは悲惨だ。引き継ぎがうまくいっていないケースだが、忙しい時ほどよく起こる。それに、利用者にはこちらがどれだけたくさん処理しているかわからないから、調べてくれているものだと思っているが、こちらはたくさんのものを次々と処理しているので、よほど意識的に処理していないと忘れてしまう。時には、数十分前の質問も忘れていることがある。

　それにしても、50歳以上の物書き、有名人は要注意だ。

　以前、こういうことがあった。

　物書きらしい人から電話があり、以前、近世文書を国立国会図書館からテレビ局の人に本を借りてもらって、自宅で読んだ。そちらの図書もそのようにできるか？　できないと答えると、国立国会図書館でできてそちらで何故できないのか？　と、くいさがられた。そもそも近世文書を国立国会図書館から人に借りてもらって、自宅で読むというのが、相当無茶な話で、どうして借り出すことができたのかよくわからないが、国立国会図書館でできるのだから、おまえのところでもできるだろうという態度も、面白くない。

　第一、国と東京都では図書館としての役割も違うし、サービス内容も違う。運営の考え方が違っているといってよい。地方自治体は国の下請け機関でもないし、独立した主権を持っているのだから、国立国会図書館は国会図書館で、東京都の図書館は東京都の図書館だ。もちろん、協力はするが、そんな詐欺まがいのことまで同じにやれといわれてもできる相談ではない。そもそも、国会図書館でも

そのようなことは許されないことだし、自分がやってはならないことをやって、それを人におし付けようとしているわけで、そのくらいわきまえたらどうなんだと、ひとりで慷慨したことがあった。

　思い出せば、図書館に入って最初にこっぴどく叱られたのは某有名女流作家だった。

　図書館に入ってすぐ、社会科学室で夜、遅番で電話番をしている時だった。リンと鳴ったので受話器をとった。むこうは早口に名前を名乗って、『高群逸枝全集』のどこかに○○という論文が入っているはずだが、それは何巻か？　という簡単なものだった。『高群逸枝全集』は、高群逸枝が活躍した分野が女性史だから、社会科学の分野に分類されているだろう、と誰もが考える。某有名女流作家もそう考えたらしい。それで、これはあとでわかったのだが、いきなり社会科学室へまわすように、と電話交換手に言ったのである。ところが、当館のマニュアルでは、どんなものでもレファレンスは相談係にいったん入れて、それから内容によって主題室へまわすことになっている。交換手はマニュアル通りに、相談係にまわそうとして、押問答となり、とにかく社会科学室へまわせと強硬に言われたので、仕方なくまわすことになった。

　ところが、高群逸枝が活躍した分野は女性史だけでなく、広い範囲に及んでいる。したがって、『高群逸枝全集』は０門に分類されていたのだ。つまり、相談係の管理している書庫に所蔵されていたのだ。こちらは、マニュアル通りにまわってきたものだと思っているから、やぁまいったなあ、何かの間違いだろうな、と思いながら、また、相談係にもどすのは失礼になるだろうと思って、ちょっと待ってもらって、階段を降りて相談係の書庫に駆けて行って、調べて駆けもどってきた。呼吸を整えて、○○は第○巻にあります、というかいわないうちに、あんたは高群逸枝も知らないの、すぐ、あり場所くらいわからなきゃだめでしょ、何やっているの、と怒鳴られ

た。知っていればこんなに時間がかかるわけないということらしい。憮然として、事情を説明したが、半分も聞かないうちに、電話をガッチャン！

　たぶんまわりの人間が、便宜をはかってやるために、なんでも自分のいいなりになると思っているらしい。そこで、自分の思い通りにならないと、誰かれかまわず叱り付けるのではないか。そう、かんぐりたくなる。

電話①：某国立大学の大学院の留学生から、武田泰淳について調べているのだが、そちらに資料はないか？

　ないことはないのですが、やはり大学図書館にまず相談されて、お調べになったらいかがでしょう、と答える。が、それでも研究書が必要なので……と、いろいろ話しはじめる。どうも、相談にのってほしいらしい。そこで、当館での調べ方を、いろいろ案内する。えーっと……とメモをとっているらしい。ひと通り終わると、今度は近代日本文学と中国との関係を書いた本を探しているのだが、という質問になる。端末で"近代""中国""文学"の3つをかけ合わせて探す。2件ヒットする。そのうちこれがよいと『近代日本文学における中国像』松村定孝ほか編（有斐閣　1975年（有斐閣選書））を紹介する。書庫の本なので資料請求の仕方を案内して終わる。

電話②：若い女性から「こぐまのくまくん」「かあさんのいす」の出版社と出版年を知りたいという質問。

　『日本書籍総目録』で調べて回答。こちらで読み上げるとそのたびにカタカタという音が聞こえるので、ワープロで入力されているのですか、と聞くとそうだという答え。

カウンター②：住宅と高齢者に関する文献はないか？

　さっそく、端末にむかって書名中キーワードで"住宅"と"高齢者"をかけ合わせて検索してみる。3件出てくる。これを紹介する。

あとでよくよく考えてみると、"生活空間""住居"などでも検索しなくてはならなかったと反省する。当館の場合、一般件名がなくて書名中キーワードでしか検索できないので、想像できるコトバでいろいろ検索してみることが必要だ。質問に対してイメージを即座にどう作れるかで、結果が違ってくる。

カウンター③：マナセドウサンの「医学天正記」を所蔵していないか？

　印刷物になったものでよいか、それで結構だ、というので『国書総目録』で調べると『改定史籍集覧』26に収録されているとある。書名カードで所蔵を確認すると、所蔵しているが、カードは古いカードで内容細目が記載されていない。端末で"医学天正記"と入力して検索してみると、ほかのものが１件出てくる。

　　『曲直瀬玄朔（まなせげんさく）』曲直瀬道三著　東京　名著出版　1979（近世漢方医学書集成6）　内容：曲直瀬玄朔　二代目道三の業績　矢数道明著　医学天正記、十五指南篇、延寿撮要

　内容細目のタイトルを検索してきている。コンピュータはこういう点、便利だ。

●この日の質問件数、カウンター107件、電話185件。

10月26日（水曜日）　晴れ

　遅番。5時からカウンター。今日も多い。

カウンター①：ニューミュージックの歌手の調べ方はどうしたらよいか？　という女子大生。卒論で書かなくてはならないという。どなたをお調べですか、松任谷由実と桑田佳祐だという。

　とりあえず調べ方についてひと通り紹介して、当館の所蔵を端末で検索してみる。あまりない。雑誌記事はどうやって調べればよい

のか、と重ねて聞くので、大宅壮一文庫で調べるのと、ニューミュージックの記事のある音楽関係の雑誌は、当館でも数誌所蔵しているのでそれを片っ端から見て、CBS ソニーなどが出している音楽専門雑誌はヤマハ振興協会資料室、国立国会図書館で見て、あとは雑誌社をまわって見せてもらうよりほかない、と案内。私も桑田佳祐などを書いた時は、雑誌社まわりをしたけれども、結構下請けのプロダクションに作らせているところがあって、マンションの一室を訪ねて見せてもらったりした。

カウンター②：着物を外国人に説明したいがわかりやすく書いてある英文の本はないか？

　「Books on Japan」のカードを紹介して、自分で調べてもらうようにする。「Books on Japan」は洋書の中で日本関係のものをカードを別に一枚コピーして配列したものである。

カウンター③：『群書索引』の見方がわからないという老人。

　一緒に本を手にとってあれこれと項目の見方を説明する。（『群書索引』物集高見、物集高量編（名著普及会　1975 年：復刻版））。

カウンター④：旗本で身分の低い者の系図はわからないか？　自分の家の祖先を調べたいのだがという中年の男性。

　もうだいぶ調べているようなので、あとは未刊の資料であまり知られていないものと頭をひねって内閣文庫の未刊資料の目録、『内閣文庫未刊史料細目』上・下（国立公文書館内閣文庫　1977 年）を見たか、と聞くと知らないというので、『内閣文庫未刊史料細目』を持ってきて、紹介する。この中には、例えば「下」に「干城録」の解題・目録が収められている。これは 1 万石以下の旗本諸士についての記録である。このほか、「御番士代々記」などいくつか収録されている。系図が出ているかどうかわからないが、ともかく祖先の方の名前がわかっていれば、見付かるかもしれないと紹介。

カウンター⑤：最近民間会社でやったアンケートをまとめた資料は

ないか？

　端末で"アンケート"と入れて探してみる。整理が遅れているのか、先日店頭で見たものが出てこない。新刊案内で、ここ何ヵ月かに出版されたもので書店の店頭で手に入るものを紹介して、あとは社会科学室の新聞切りぬきを紹介する。

カウンター⑥：伊東絹子という最初にミスユニバース日本代表になった人が、当時新聞でどう報道されているか調べたいが、調べ方はどうしたらよいか教えてほしい。

　いつ頃のことでしょうか？　わかりません、1950年代か60年代だと思います。ちょっとお待ちくださいといって、『大宅壮一文庫雑誌記事索引総目録』人名編で"伊東絹子"を調べる。こうしたことは、大宅壮一文庫にかぎる。幸い伊東絹子はあって、目録の「ミス・ユニバースのあっぱれ女優記」『週刊サンケイ』1956年10月4日18ページ　という記述から1956年のこととわかる。

　それを見せて、まずこの雑誌にあたって、それから周辺の週刊誌や前後の新聞記事を縮刷版で調べればよろしいでしょうと案内する。それはどうすればよいのでしょう？　新聞雑誌はすべて新聞雑誌室にありますので、詳しくはそちらで、大宅壮一文庫の目録にある雑誌を所蔵していないようでしたら、有料ですが直接大宅文庫へどうぞ、と案内。

カウンター⑦：ベビーシッターの派遣について書いた文献はないか？派遣をする方ではなくて、派遣をしてもらう方の意識とか……。

　『日本件名図書目録』（日外アソシエーツ　1984-86年　30冊、以後年刊）、『大宅壮一文庫雑誌記事索引総目録』で調べてみるが"ベビーシッター"というコトバでは出てこない。仕方がないので、2階から『キーワードインデックス年報』をとり寄せて、索引で「ベビーシッター」を調べてみるとある。さすがだと感心して、資料コードから資料内容を見ていくと、ベビーシッターの利用、ベビ

ーシッターの未来などについての意識調査や実態調査がある。これを紹介して、あとは自分で調べるように案内。

カウンター⑧：女子大生が「シェイクスピアはわれらの同時代人　ヤン・コット　白水社」と書いた紙切れを持ってきて、この本を書名と著書名で探したけれども出てこないが、本当にないのか？　と聞いて来る。いつ頃出たのかと女子大生に聞くがわからないという。とりあえず国立国会図書館の目録でと調べはじめたが、出版された時期がわからないと大変。調べ方を間違えているのではないかと思ってもう一度調べてみようと、書名カードで調べてみるとあった。1968年の出版のものが入っている。カードを見せると、けげんな顔をしている。どうやって調べたのかと聞くと、著者名は、"ヤン・コット"で調べて、書名のほうもちゃんと調べたのですが……。

　著者名は、"コット、ヤン"で調べないと出てこない、外国人は、姓、名が日本人と逆なので。それから書名は"シェイクスピアは……"の「は」をそのまま「は」のところでお調べになったのでしょう。これは図書館では「わ」と読みかえて、「わ」のところに配列してある。"てにをは"の"をは"は"おわ"と読みかえていると説明すると、やっと納得して席を立つ。

カウンター⑨：学生が『国書総目録』を持ってきて、これは何の記号ですかと「活」の字を丸でかこったところを指差す。

　それは、凡例のところに書いてあるのでそこをよく読んでください。それは活字本の記号ですと答える。

電話：羽子板の起源について調べたいのだが、いつ頃から使われているかとか、どんな風に変遷してきたのかとかがわかる文献はないか？

　若い女性。電話のむこうは事務所らしく電話のベルや人の声がする。出版プロダクションかそんなところだろう。

　もうだいぶお調べになったのですか、と聞くと、調べたという。

『季刊銀花』のバックナンバーに羽子板の特集があってそれは見た、それ以外に何かあればほしいのだが……という。で、「東京風俗志」はあるか、とも聞く。これは有名なもので復刻版が東京室に入っているし、『明治文化全集』にも入っている、が個人の記憶で答えてはいけないので、受話器を置いて、書名カードで所蔵を確認してくる。

やっぱり確認してよかった。『明治文化資料叢書』の方だった。第11巻世相篇に入っている。所蔵しています、ほかにありませんか？　書名カード、端末、百科事典、文献目録、『邦語文献を対象とする参考調査便覧』などをザアーッと調べてみる。

書名では『羽子板』山田徳兵衛著（芸艸社　1937年）がある。百科事典では『世界大百科事典』第22巻（平凡社　1988年）476ページに、半澤敏郎の記述がある。『古事類苑』遊戯篇1271-74ページにも記述がある。これには出典が出ているので、これを手がかりにさらに調べることができる。『広文庫』物集高見編（広文庫刊行会1935-37年）にも記述がある。これも『古事類苑』と同じように出典がある。これらを手がかりにお調べになったらいかがでしょうと案内すると、そうするといって電話を切る。

こうした事物起源や事物についての網羅的な文献調査の質問は時たまある。

以前、東京室にいた時、老人がやってきて、長年東京で葬儀屋をやってきたが、そろそろ年だし、先も長くなさそうなので、自分の時代の葬儀について調べたい、どんな文献があるだろうか？　というので調べたことがあった。その老人は杖をついて、耳もだいぶ遠く、人のよさそうな方だった。足が弱くなっているので、広尾の駅から図書館へくる坂が難儀で休み休みきましたといっていた。メモのとり方はきちんとしていて、出典の記載の仕方もきちんとしていた。何度か来て、来るたびにお手伝いをしたが、その後、どうしただろう。何か書き残していらっしゃるとしたら、きっときちんとし

たものを残しているに違いない。
●この日の質問件数、カウンター108件、電話180件。

10月27日（木曜日）　晴れ
　朝11時から電話。
　かわったとたんに苦情の電話。
　コピーはなぜ35円なのか、スーパーなどでは10円だ。公共機関なのに高すぎる、合点がいかない……。当館のコピーのシステムを説明し、あくまで著作権法という法律に基づいて行なっていて、それは、図書館で行なう時は、図書館がやることになっているし、著作権者の経済的な権利を損なわない範囲でのみ許されているものだ、と説明する。当館では、著作権法に許される範囲かどうかのチェックは図書館職員が行い、実際のコピーは業者に委託して行なっている、人件費などでB4版で35円でも赤字だなど説明する。いろいろやりとりをするがらちがあかない、お前では話にならないから、ほかの責任ある者に代われというが、代わらない。いちいち代わっていてはやってられないし、こっちは、日本の著作権の運用はあまりにルーズで、少しも著作権者の経済的な擁護になっているとは思っていないから、あとにはひかない。10分位やっていただろうか、図書館は東京都のどこのセクションに属しているのかと聞くので、東京都教育委員会に属していると答えると、ガチャンと切れた。
　35円は高いと時たま苦情がくるが、著作権者の権利の保護、資料の管理・保存のための諸経費など考えれば、決して高くない。つまり、民間でこのような資料の管理・保存をやろうとすればB4版で35円などひきあうわけがない。民間機関では、140円でコピーサービスしているところもある。図書館でコピーが特別に許可されているのは、枚数がそれほど多くないことを前提としているからだという見解もある。きちんと議論してほしいとこだが、それにして

も、一般に著作権者の権利の保護についてはあまりにルーズだ。10円では、著作権者の経済的な権利を守ることになど少しもならない。35円でもバランスを欠いている。本を書くのに、著者がどんな苦労をしているかなど、問題の外なのだ。

　以前、電話で、あるプロダクションから、そちらにある最近出た個人の写真集のなかの写真をムービーで撮影したい、今から行くからよろしく、とあった。

　だめです、と一言いうと、とたんに気色ばんで、なぜだ?!　著作権というものがあって、著作権者の許可がないとできないことになっている、まず著作権者の許可をとってきてほしい。前はすぐやらしてくれたじゃないか、知りませんよそんなこと、当館では著作権者の許可が確認できないとどんな場合でもできないことになっているんですから、という具合にはじまって延々とやりあったあと、図書館としてはそうだとしてお前は個人としてこういうことについてどう思っているんだ、あまりにお役所的と思わないか、とんでもない、個人的には図書館の対応は甘すぎると思っているんですから、という調子でまたやりあって、最後はなにかお前は権力の手先か？などどいわれたが、なんといわれようと、著作権者の権利はあまりにないがしろにされていると思っているから、全然動じない。すると必ず上司を出せといってくる。出てもらってもどうなることでもないので、これにも応じない。最後は、ガチャンとむこうが切っておしまいになった。音楽著作権協会のような、著作権料の徴収システムは必要だと思う。

電話①：車関係の雑誌のタイトルを8つ読み上げて所蔵していないか？

　新聞雑誌室に走って行って、雑誌の分類カードを持ってきて、「自動車工学」のところを調べて答える。回答の最後に、これから1回につき5つまでにしていただけませんでしょうかと付け加える。あとで「自動車工学」のところだけでよかったかなぁと調べ直して

みたが、よかった。

電話②：世界の人口を各国別に知りたい、人種、民族別までわかるものがほしい。

すぐに社会科学室に回送する。

電話③：地方新聞はあるか？　という中年の男性の声。

ございます、どちらの新聞がご必要でしょう。『静岡新聞』が読みたい。ございます。最新号は何日のが入っているか？　ちょっとお待ちください、現物を見て確認してきますので、といって、新聞雑誌室へ走って行って27日であることを確認して帰ってくる。

電話④：「地名総鑑」という本は所蔵しているか？　という中年の男性の声。

ございません。正式には何というのか？　特殊部落地名総鑑です、特殊部落というコトバは差別用語ですので現在は使ってはならないコトバとなっております。国立国会図書館にはあるだろうか？　これは人権侵害を助長するということで問題となったものです。お客さまはどんな目的でお探しになっているかわかりませんが、図書館でたとえ所蔵していたとしても、人権・プライバシー保護の点から、決してお見せしないことになっておりますというと、ちょっと驚いたように、そうですかと答えて電話を切った。

この種の質問は、1年に何度かある。何を考えているんだと憮然とする。

電話⑤：「中国古典の読み方」「漢文法要覧」はないか、もう絶版らしい、と遠くかららしい電話。細かい雑音が入る。

すぐ調べてみますので、ちょっとお待ちくださいといって、カードのところに駆けて行く。最初のほうを所蔵していると答えると、地方からかけているがそちらの本は借りられないか、地元の図書館にないのだけれども……。国立国会図書館に所蔵していないことが確認された場合だけ、お住まいの県立図書館にお貸しするシステム

はございます、よく県立図書館とご相談ください、と答える。時々こういう電話がある。

電話⑥：都市計画の入門書を探しているのだが……、という中年の男性。

書名カード、端末で調べてみるが、あまりこれはというものが出てこない。『日本書籍総目録』を調べてみると書名から見てよさそうなものがある。それを紹介する。所蔵を調べ直すが、残念ながら持っていない。調査の過程を説明して、『日本書籍総目録』からのものを紹介すると、なぜそちらでは所蔵していないのか、と聞いてくる。買っていても整理が遅れておりまして……と苦しい言い訳をする。この辺のプレッシャーは大きい。（実際、この時期、購入しているのか、いないのか、購入していて整理が遅れているのか、全然わからなかった。こうしたことと、新聞雑誌室の午前中閉室が大変な精神的プレッシャーとなっていた。特に、新しく採用されたばかりの南さんは、大変だったろう。こういうことは、実際にそうした立場に立たされてみないとわからないものだ。）

電話⑦：マイルズ賞という金融関係の賞があるはずだが、どんな賞か、といういかにもOLという若い女性の声。

当室で作成している新聞記事索引の賞索引や『朝日年鑑』（朝日新聞社　年刊）の巻頭の事項索引などを調べるがわからない。百科事典では、「CE社のマイルズ（L.D. Miles）が価値分析の手法を開発した」とある。このマイルズにちなんだ企業内活動に関する賞らしいということまでは想像できるが、その先がわからない。わからないので調べた過程を説明してわからないと答える。あとでやっぱり人文科学室と社会科学室に聞くべきだったと後悔する。どうも忙しい時は、乱雑になっていけない。

電話⑧：以前どこかで見たことがあるが、名簿を集めた図書館が港区にあったように記憶しているが、わからないか？　とサラリーマン。わかるかなぁという感じでひどく持ってまわったいい方をする。

これはよく聞かれるのでインフォーメーションカードに記録してあって"メイボトショカン"で探すことができる。さっそく、カードを持ってきて、答える。ともに、有料の機関。

　名簿図書館：港区新橋3-2-7　恭和ビル　電話03（3508）8363
　リストライブラリー：中央区銀座3-11-16　日金ビル　電話03（3545）8311

電話⑨：アポロ11号が月面に着陸した日はいつか？　若い女性。
　まるで絵に描いたような質問。百科事典でわからなかったら、『世界年鑑』（共同通信社　年刊）あたりだなと思いながら、百科事典を調べてみる。当たり！『日本大百科全書』第1巻（小学館1984）528ページ「アポロ計画」の項に記載がある。1969年7月20日。ほかの総合年鑑で確かめてみても、間違いはない。
　ところで、こうした質問に対する回答でこわいのが、誤植。
　ある団体の世界大会が1962年に日本で開かれたはずだが、月日はわからないかという質問を受けたことがある。『朝日年鑑』で調べたところ3月22日になっていた。他の総合年鑑には出てこない。これだ、やれやれと答えようと思って電話のところに帰ってきて、念のため年表で確認しておこうと、『近代日本総合年表』第2版で調べたところなんと、10月22日となっているではないか。あわてて、新聞雑誌室に駆けて行って、『朝日新聞』の縮刷版で調べてみると10月22日が正しかった。『朝日年鑑』のは明らかな誤植。これだけで答えてしまったら、嘘を教えてしまったことになるところだった。ひとつだけの文献で答えるのではなく、必ず2つ以上の文献を突き合わせて回答するという原則はいつも念頭にかけておかなくてはならない。
電話⑩：ワッサーマンの「オーロラ」という作品の日本語訳はない

か？　という女子大生。

　ワッサーマンのスペルを聞くがわからない。仕方がないので、著者名カードで調べてみると、当館では"バッサーマン"の表記を採用している。国立国会図書館の『明治・大正・昭和翻訳文学目録』は、"ヴァッサーマン"の表記を採用している。『明治・大正・昭和翻訳文学目録』では、「極光　成瀬無極　新潮社　昭4　世界文学全集36巻　近代短篇小説ノ内」とある。次に、『世界文学全集』第36巻（新潮社　1929年）の所蔵を調べる。これは所蔵している。「内容細目」を見ると、この本の著者の表記は"ワッセルマン"となっている。これを紹介する。外国人名の検索はむずかしいという例。●この日の質問件数、カウンター94件、電話156件。

10月29日（土曜日）　　晴れ
電話①：再び名簿図書館について。これは区立図書館から。
電話②：歌舞伎の脚本で「ハナノウエノ　ホマレノ　イシブミ」というものを所蔵していないか？　出版社の編集をしている女性から。
　「ハナノウエノ　ホマレノ　イシブミ」はどう書くのですか、「ハナ」は普通のお花の「花」で、「ウエノ」は地名の「上野」、「ホマレハ」は名誉という漢字の「誉」のほうで……、とやって、やっと「花上野誉晒石碑」らしいということがわかって、書名カードで歌舞伎などの脚本集を調べたがわからない。こういう場合急がば回れで、まず『国書総目録』から……というのが鉄則。『国書総目録』を調べると出ている。活字本には「演劇脚本（明29　館野録太郎）」がある。また、書名カードに調べに行くが、所蔵していない。東京誌料、加賀文庫も調べてみるがない。仕方がないので、『国立国会図書館所蔵明治期刊行物目録』を調べると、第4巻43ページに記載されている。

演劇脚本（浄瑠璃三絃楽譜音曲鳴物楽譜入）館野録太郎編　名古屋　館野録太郎　明28-29　6冊　19 cm　内容：第1分冊花上野誉廼石碑

　国立国会図書館のカウンターで調べてもらったのにわからなかったんですけど、よくわかりましたねぇ、さっそくもう一度行ってみます、と大変喜んでいた。
電話③：ガレキがわかる本はないか？
　ガレキ?!　何でしょうか？　と聞きかえすと、画家の歴史だという。画家の経歴のことらしい。具体的にはどなたか特定の方をお調べですか、いや、モネとか何人もいるんだが、それでしたらご自身来館されてお調べいただいたほうがよろしいかと存じますが……。そちらに行ったらどうやって調べたらいいのか？
　わたしどもの図書館で画家を調べる場合、書名カードで"モネ……"とか"クロード・モネ……"でお調べになって、当館の場合、「人物に関する年譜・著作目録・参考文献（外国人）」のカードもありますので、それで"モネ、クロード"でお調べになる方法もございます。ともにカードの左肩にある3段の記号、私どもでは「請求記号」といっておりますが、これと書名をメモしていただいて、3階で書架をご自分で探していただくことになります。書庫に入っているものもありますので、見付からなければカウンターにご相談ください。このほか、文献目録などから探す方法もございます。詳しくは、カウンターでお聞きください。以上のように、案内する。
●この日の質問件数、カウンター70件、電話79件。

10月30日（日曜日）　　晴れ
　めずらしく電話もカウンターも少ない。「日葡辞書」「類聚名義抄」などの請求がある。請求の方法がわからないようなので、資料

請求カードを代わりに書いて書庫から出す。

　大学のレポート作成の手引らしい印刷物をひろう。読んでみると、もう少し文献の調べ方などきちんと書かないと、学生はわからないだろうなと思う。自分の狭い経験でしか書いてないし、実際、図書館、それもいまの図書館を使った経験がないのではないかと思われる。これでは、都立中央図書館にきた学生が、初歩の初歩の質問からはじめるわけだ。

　昼休み、閲覧室で調べものをする。本をめくっていると、隣に座った人が電卓をたたいている。たたくたびに机が音をたてる。かなりやかましい。利用者がやかましいのでなんとかしてほしいといってくることがあるが、これは無理はない。やかましいなぁ、何かいわなくちゃいけないなぁと思っているうちにどこかに行ってしまった。

●この日の質問件数、カウンター68件、電話48件。

11月1日（火曜日）　晴れ

　朝から電話が鳴る。

電話①：牧羊社から出ている「めざめ」という本はないか？　洋書でアメリカの政治年鑑はないか？

　早くも2件とも所蔵していない。今日は1日あまりうまく行きそうにない。

電話②：「ギリシア・ローマ神話事典」1960年頃、岩波書店から出版されているものがあるが、所蔵しているか？

　こういう時は丁寧にやるにかぎると書名カードで"ギリシア……"で調べてないので、"ギリシャ……"でも調べると、出てくる。『ギリシャ・ローマ神話辞典』高津春繁著（岩波書店　1960年）やれやれと胸をなでおろす。これで少しはツキがもどってくるかなと思って、次の電話をとる。

電話③:「農業協同組合名鑑」という本はあるか？　と中年の男性。

端末に"農業"と入力して検索してみると『全国都道府県農業協同組合名鑑』(全国新聞情報農業協同組合連合会　年刊)というのが出てくる。コンピュータはなかなかよいものだと思う。以前なら、書名カードで"ノウギョウ……""ニッポンノウギョウ……""ゼンコクノウギョウ……"と調べて、出てこないので、ないと答えたかもしれない。

電話④:公民館のリストはないか？

ウーム、公民館といっても全国で1万7000位はあるわけだし、あるかなぁと思って待ってもらい、社会科学室に聞いてみると、電話帳の各県の公共施設のところを見ていくほかないという答え。その旨伝えて、当館には全国の電話帳があるので、よろしければ来館されてご覧になっては……、と案内する。

電話⑤:かなりイライラした感じの女性の声。壺井栄の著作はそちらにないか、近くの図書館で調べたがなかったという。

何をお調べでしょう？「親のない子と子のない親」という作品だが書名カードで調べてみたが、ない。ない、と答えて、日比谷図書館の児童室を案内しようとすると、著者名カードは見たか、というので、オォ、忘れていたと調べに行く。著者名カードボックスの該当のところを抱えてきて、見るが"オヤ……"のところにはない、ありませんねぇ、と答えると、全集は見たかとたたみかけてくる。『壺井栄作品集』全25巻(筑摩書房　1956-59年)のところを丁寧にめくっていくと、第5巻の内容細目に「母のない子と子のない母」という作品がある。こういうものがあります、と紹介すると、そうそうそれです、とうれしそうな声、こちらもホッとする。早くすまそうと安易にやったことを反省する。最初からきちんと書名、著者名を調べていれば、これほど時間がかかることはなかったはずだ。当館の利用の仕方を案内して、終わる。

電話⑥：「エヌイーシー技術」は所蔵してないか？　と男性。
　雑誌目録を調べると"エヌイーシー……"では見付からない。"NEC……"かなと思って"NEC……"のところを見るとあった。
電話⑦：台湾で使っているコトバで"トウジ"と書く字があるのだが、どう書くのか調べてくれないか？　"ソウケイリ"というのも調べてほしい、という年配の男性。
　ちょっと待ってください、トウジ、ソウケイリというのはどのような字の形になるのでしょうか？　エート"トウ"とはくさかんむりに重ねると書いて……、重量の重ですね、そうそう、やりとりをはじめて、結局、"董事""総経理"であるとわかる。が、すぐ調べが付きそうにないので30分時間をもらってかけ直してもらう。ところが、時間をもらったのはよいが、受話器を置くとすぐ鳴ってしまうので、受話器をはずしたまましばらく考えて、海外収書係に電話をして、台湾語と北京語と標準語の違いについてレクチャーを受け、台湾語でも普通の日中、中日辞典で調べてよいとのことなので、『中日大辞典』愛知大学中日大辞典編纂処編　増訂第2版（大修館書店　1987年）をとりに書架に駆けて行って、もどってくる。
　"董事"は日本語で重役とか社長とかいうのだということだったので、巻末の日本語からひける「日本語索引」で"社長"を探すがない。社会主義国なので"社長"という概念がないのかなと思いつつ、"重役"はどうだろうと探してみるとあった。356Cとあるので356ページを見ると、"董事"があり、「理事、重役」と書いてある。［董事長］となると「理事長、代表取締役」となる。次は"総経理"。これがわからない。仕方がないので、巻頭の漢字索引に挑戦。まず、部首で"糸"は"纟"となるので、"纟"を見ると"総"があり、1924ページ、これだと思って見ると摠とあり、"総"とのこと。例示に"総経理"とあり、総支配人、総代理人の意味がある。いやぁうまくいったと思う間もなく、電話があって、調べた結果を

伝える。

　これを調べている間に、何本か受ける。急いでいたので、1件は大失敗。「サンカ社会の研究」を「サッカ社会の研究」と聞き違えて、調べた結果わからなかったので「サッカ社会の研究」はありませんと答えて、いや、「サンカだ」といわれて調べ直してあった、というもの。まだまだ、訓練がたりない。これは、『三角寛全集』35（母念寺出版　1970）の個別書名が「サンカ社会の研究」で、この個別書名が、書名目録に重出してあったのでわかったもの。
●この日の質問件数、カウンター108件、電話181件。

11月7日（月曜日）　晴れ

カウンター：この文献はどうやって調べたらよいかといって本の注の部分を指差しながら学生がくる。よくよく見ると"McGeachin, R.L. ,Gleson, J.R. & Adams, M.R.：Arch. Biochem. Biophy. 75：403-411, 1958"とある。全然わからなくて困っているという。図書ですかねぇともいう。

　雑誌記事ですね、雑誌名が略されてますので、まず、正式の誌名を確認しなくてはなりません、といって、"Periodical Titles Abbreviation：By Abbreviation"を見に行く。

　74ページに"Arch. Biochem. Biophy."は、"Archives of Bio-chemistry and Biophysics"が正式タイトルであると出ている。次に『国立国会図書館所蔵欧文雑誌目録』1986年末現在（国立国会図書館　1987年）を調べると、134ページに出てくる。確認のため当館の雑誌目録を見るが、やはりない。

　『国立国会図書館所蔵欧文雑誌目録』の該当部分を見せて、ここに載っているので、国立国会図書館に行って見てくださいというと、しばらく見てメモをとってから、こういうのはどうやって調べればよいのでしょうか？　と聞くので、書架に行ってレファレンスブッ

クを見ながら案内する。大学図書館の所蔵は『学術雑誌総合目録』自然科学欧文編　1979年版　国際医学情報センター編（紀伊國屋書店1979年）にあるので、一応自分の大学にあるかもしれないので、これは見ておいたほうがよいですよ、と紹介すると、ありがとうございましたといって、さっそく調べはじめる。

　大学教育の中で、この程度のことはきちんと教えないのかねぇとなかばあきれながら、カウンターにもどる。もっとも学生が沢山いる上、学生の方も必要性を感じなければ聞き流してしまうし、無理か。

●この日の質問件数、カウンター64件。

11月8日（火曜日）　晴れ

　この日、ローテーションのあき時間に、迫田さんから中国語の本の書名の引き方のレクチャーを受ける。当館の場合「音読からの拼音（ピンイン）索引」というカードがあり、日本語の漢字のヨミから中国語ヨミにいけるもので、中国語のヨミの表記のアルファベット順でカードが並んでいる。中国語の辞書とおなじように調べられるというので、先日のレファレンスで英語から中国語の辞書で見付けることができた"董事"をやってみる。"董　dohg""事　shi"だから"dohg"で探すと"董"が出て、"董事"がわかり意味が示されているということになる。

　日本語の漢字のヨミから中国語のヨミがわかるものには、『中日漢字字典』李寿山編（みずうみ書房　1985年）がある。が、いかんせん字数が少ない。

カウンター①：学生サークルについて週刊誌に書いてあるようなものがいいのだが、という中年の男性、いかにも物書き風な。

　端末で、"書名等グループ"の項目で検索してみるが、あまりいいのが出てこない。学生生活はNDC377のほかに379、3612にも

関係しているが、書架に行って直接見ていただくか……、といいながら『大宅壮一文庫雑誌記事索引総目録』を調べるが、これにもよさそうなものがない。自分で調べてもらうよりほかにない。(これもあとでほかのことを調べていて気が付いたのだが、大学別の雑誌記事のところにこの種のものが分類されていた。)

カウンター②：企業の外国での技術開発について書かれた文献は……？　という30代前半のビジネスマン。

　"技術協力""技術開発"でそれぞれ端末で検索して画面に呼び出し分類コードを確認して、この辺の書架に行くとこんなものがありますと画面を見ながら説明すると、発展途上国のものがいいのだがというので、海外技術協力のほうを見てもらったほうがいいのでNDC3338のコードを紹介する。あと、日本貿易振興協会、ODA資料室の目録があることを紹介する。

●この日の質問件数、カウンター104件、電話232件。

11月9日（水曜日）　晴れ

　朝から電話の2番に入る。電話が、朝から鳴り続けている。今日はどうしてこんなにかかるのかと思いながら受話器をとり続ける。とるたびに、いい方が乱雑になってくる。

電話①：成人男女の身長・体重がわかるか？　もちろんいまの日本だが……。

　『日本統計年鑑』1987の事項検索から、「身長」の項目616-617ページを見る。全体の平均は出ていない。平均は全体の平均が必要なのですか、と聞くと、20歳と30歳の平均が必要なのですが、というので、それならこの統計表に出ているので、統計表から数字をひろって読み上げる。出典は、『日本統計年鑑』1987の616-617ページの統計表の下に明示されている。『体力・運動能力調査報告書』文部省体育局生産スポーツ課だった。

電話②:アメリカの1950〜60年代の世相・風俗そのほか歴史的なことがビジュアルにわかる資料がほしい、という中年の女性。

　すぐ書名カードで調べてみる。"アメリカ……"と付いている書名の本はたくさんある。こんな時、端末で"アメリカ"と"風俗"と入力して検索する方法もあるな、と思いながら、それでもカードだと1枚でいろいろなことがわかるし、カードもすてがたいとつぶやきながら、次々とめくってみる。

　　アメリカの世紀　7　Time-Life Books　編集部編　西武タイム［1985］内容:7、赤狩りとプレスリー　1950-1960　青木日出夫訳

がよい、と案内する。参考文献も283ページにあるし……。ほかにないだろうか？　そうですねぇ、ビジュアルなものというとやはり目で確かめていただかないといけないので、一度きていただいてお調べいただいたほうがよろしいと思いますが、と来館を勧める。
電話③:幡随院長兵衛の伝記にはどんなものがあるか？

　『日本人物文献目録』に5、6冊ある。「百科事典」にも手がかりになる情報がある。例えば、『世界大百科事典』第25巻（平凡社　1988年）247ページの"幡随院長兵衛"の項目には、実録本『幡随院長兵衛一代記』が挙がっている。それらを紹介し、あわせて来館しての調査を勧める。
電話④:ある市立図書館から、"山崎元幹"のヨミがわからないか？いろいろ調べたのだが……という。

　すでにお調べになっているのでしたら……、と人文科学室に回送する。まわしたあとで、ちょっとと『国立国会図書館著者名典拠録　明治以降日本人名』国立国会図書館収集整理部編（紀伊國屋書店　1979年　3冊）をひっくりかえしてみると、出ている。"ヤマザキ、

モトキ"、さっそく人文科学室に電話して、その旨伝え、こちらから市立図書館に電話する。『国立国会図書館著者名典拠録』は見ていなかったらしい。もっとも、分館になると、そこまで資料を持っていないところが多いらしい。

電話⑤：ある区立図書館から、F. シラーのたくらみの恋を所蔵していますか？

　『東京都立中央図書館蔵合集収載文学索引　1945-75』が目の前にあったので、調べてみると5点も並んでいる。書名カードで請求記号をメモして回答する。『東京都立中央図書館蔵合集収載文学索引　1945-75』ぐらい調べてから電話してきてほしい、と思っていると、次の電話。

電話⑥：「好色訓蒙図彙」という書物を所蔵しているか？　と中年の男性。

　書名カードを調べると、ない。じゃ、「訓蒙図彙」ではどうかというので、もう一度書名カードで調べると、ある。中村揚斎編で早稲田大学出版部が1981年に出版したもの。「国立公文書館所蔵同著作の影印覆刻」とある。カードを見ながら答えると、"好色"とどこかに書いてないか？　というので書庫に行って現物を見て確認する。ない。さて、どんなものか『国書総目録』で確認してみようと見ると、「訓蒙図彙」（きんもうずい）は分類が事典で寛文6年刊……とあって、「好色訓蒙図彙」（こうしょくきんもうずい）は別名訓蒙好色図彙、訓蒙図彙で無職軒三白居士作　吉田半兵衛画、貞享3年刊となっていて、別物。「好色訓蒙図彙」は、版本が"日比谷東京（2冊）"と記載されているので、「東京誌料目録」を見ると、あった。

　これは最初から、マニュアル通りに、『国書総目録』から調査に入ればなんということがなかったのにと、反省。忙しい時はつい簡単にすませてしまえと書名カードに走って行くが、意外と時間がか

かることが多い。急がばまわれで、マニュアル通りに手順をふんで処理したほうがよい。

電話⑦：交代の引き継ぎを受けたものがかかってくる。岡田山一号墳（岡山県）から出た象眼銘を持つ鉄刀にある「各田ア臣□□□素□大利□」の"各田ア臣"のヨミ。

　Ｔさんから『日本大百科全書』4の65ページにあるので……とのこと。「ぬかたべのおみ」と読むと書いてある。百科事典はいろいろなことが書いてあるものだと感心。

　もうひとつ、高天人山という地名のヨミ。人文科学室にも問い合わせてある。利用者によると駿河の国にあるとのこと、人文科学室からわからないとの回答がくる。"高天神山"という有名な山が駿河にはあるが、たぶんこの山のことだろう。が、文献には、"高天神山"を"高天人山"とも書くと書いてないので仕方がない。電話がかかってきたが、大変申し訳ありませんがわかりませんでした、と調べた過程を説明して終わる。レファレンスはあくまで文献に記載してあることを根拠に回答するのであって、個人の記憶で回答してはならない。記憶によって答えてしまう時が、忙しい時、時たまあるが、これは大変よくない。間違っていたりして後悔することがある。

　余談になるが、駿河の高天神山には、戦国期の城廓があって、岡本宏毅氏と登ったことがある。大手門の付近に、礎石が残っていたりした。ここは、武田と今川の勢力争いで有名な城である。

電話⑧：カルタとか百人一首について調べたいのですがという中年の女性。あまりに漠然としているので、何をお調べになりたいのですか、故事来歴なのか、遊び方なのか、いろいろありますが……。故事来歴について調べたいのですが。

　『邦語文献を対象とする参考調査便覧』で「かるた」「百人一首」を調べると、参考図書やまとまった本はある。当館で持っているだ

ろうかと書名カードで調べてみると何冊かあるので、カードボックスを両手にさげて帰ってきて、カードを見ながら紹介する。話が終わると、今度は「かるた」「百人一首」の現物か図版はないか、というので、またカードを見て、「かるた」には、本の付録として複製が付いているものがあるし、「百人一首」には図版があるものがあるので、それぞれ紹介する。それに、それぞれの本には所蔵機関が明記してあるだろうから、その所蔵機関に問い合わせれば現物を見ることもできるとアドバイスすると、なるほどそういう調べ方もあるのですねぇといたく感心してくれる。

夕方、カウンターに出る。どういうわけか4時半頃から複写に長い列ができはじめる。1階のエレベータ前のオープンスペースが特に騒がしい。エレベータに乗りこんでしまえばこちらは静かになるが、上の階ではあのやかましさが、どっとエレベータから吐き出されるわけだ。だんだんイライラしてきて、静かにするように注意しに行く。

カウンター：国民生活時間調査、国民生活選好度調査はあるか？

端末で"国民生活"で検索する。9件出てくる。分類コードを確認して2階を案内。

カウンターから帰ってくると、アフリカのナイロビから国際電話だ、といって電話のまわりが騒がしい。2、3あるらしい。吉田さんが受けて、遅番の小山さんに引き継いで、皆で調べている。私もお手伝いする。

Andre Brink の"Looking and Darkness"の日本語訳はないか？ というもの。著者名カードで調べると、ズバリの書名カードはない。同じ著者に三笠書房から出た『アフリカの悲劇』アンドレ・ブリンク著　越智道雄訳（三笠書房　1977年）がある。これがあやしいと現物をとり寄せてみるが、よくわからない。ままよ、と最近この著者の訳本を出した晶文社の編集部に電話をして調べてもらう。や

はりそれが"Looking and Darkness"の訳本だという。

　もうひとつのは調べたがわからなかったらしい。

●この日の質問件数、カウンター96件、電話231件。このところ、電話は連日200件をこえている。主題室に回送しているものは、カウントされていない。それが、こういう日には40〜50件はあるから、電話1本あたり、5分に1回は鳴っている計算だ。

11月12日（土曜日）　晴れ

　朝9時半からカウンター。

　まず、最初の質問が「Joint-B」を見ることができないか？　という中年の男性。雑誌は申し訳ありませんが午後1時からしかご覧いただけません、と低姿勢にお断りする。いつも午後1時からじゃないか、なんとかならないのか、あんたが行ってくればすぐ出せるんだろう……としつこい。しかし、決まりは決まりなので、お断り申し上げるよりほかにない。

　この種のクレームは土、日の午前中に多い。9時半にきて、新聞雑誌室に行ってみたら閉まっていて見ることができない、そこで相談係のカウンターになんとかならないかといってくる。やんわりお断りしてお引きとり願うと、その時は納得しているように見えても、10時にコピーの窓口が開き、空腹度が増しはじめるとイライラして、11時すぎにまたきて、強硬になんとかならないかとねじこんでくる。こちらは何をいわれようと申し訳ありません、ご意向に添いかねます、を連発するよりほかない。

　上司を出せとか、館長を出せとかいいはじめるのは、大体日曜の11時すぎだ。この時期以降、日曜出勤の2回に1度は事務室に入ってもらって苦情を聞くことになった。白石さんなどは2週連続して上司を出せとやられた。かわいらしいので強くいえば……と思ってつっかかってくるのだが、しっかりガードをかためてゆずらないの

で、頭に血がのぼってしまうのかもね……と皆で話したものだった。

カウンター①：洋書の科学雑誌はないか？　と中年のサラリーマン。

　これがないんですよねぇといいつつ、国立国会図書館とJICSTの所蔵目録を見る。ついでに、『学術雑誌総合目録』も見る。結局、一般の人が見ることができるところとなって、国立国会図書館に行ってもらうことになった。

カウンター②：百貨店と大型店、スーパーの利用者の競合関係、利用者がそれぞれをどのように使っているか？　などが書かれている調査報告書はないかというサラリーマン。

　『キーワードインデックス年報』『総合マーケティング資料年報』と『百貨店調査年鑑』（デパートニューズ社　年刊）を紹介し、それぞれの調べ方、資料の入手方法について説明する。

電話：トロッキーの「裏切られた革命」、モルガンの「古代社会」を原書で読みたいが蔵書はあるか？　と中年の男性。

　著者名カードで原綴りを調べる。それから洋書の著者名・書名カードで調べる。Morganの"Ancient Society"はある。トロッキーのはない。これを伝えると、それでは市立図書館を通じて貸し出しをお願いしますといって切れる。

　時々、洋書の所蔵・所在を聞いてくる。大学図書館からも問い合わせがある。所蔵しているとなると、市立図書館を通じて、教員などが借りるわけだ。当館には戦時買い上げで収集したものの中に思わぬものがあるらしく、所蔵していると答えると、本当にありますか、あるんですねと興奮して、こちらをかえって動揺させる人もいる。

　先日もそういう利用者にあたった。それは井上哲次郎の蔵書だった。井上哲次郎の蔵書はトラックに乗せて翌日疎開させるために、蔵から出して玄関に積み上げておいたものが、その夜空襲にあい、大半が消失してしまったという。当館所蔵のは、その残りだ。蔵に残してあったので助かったという。いいものは全部灰になってしま

ったとのこと。それでも、いいものがある。焼失したものの中にはどんなものがあったのだろう。

●この日の質問件数、カウンター77件、電話79件。

11月15日（火曜日）　晴れ

電話①：「ヘディン探検紀行全集」全17巻　白水社　1978-80年に「ロプノールの謎」というのが入っているはずだが、第何巻に入っているかわからないか？

　書名カードで、内容細目を見ていくが、そうしたものは見あたらない。何かの一部とも考えられるので、請求記号をメモしてもらって、人文科学室へ回送する。

電話②：アンリ・トロワイヤの「フランス怪談」はあるか？　という学生。

　『フランス怪談』（青銅社　1982年）に入っている。フランス語の原題はわかるかというので『翻訳図書目録』などで調べるがわからない。わからないので現物を持っている人文科学室にまわして調べてもらうようにしましょうか、というと、どんなものがそれには入っているかわかるか、というので内容細目を読み上げると、それで結構ですといって切れた。

電話③：ホーソンの「緋文字」の旺文社文庫本はないか？　と大学図書館から。

　調べたが所蔵していない。

電話④：弔旗の掲げ方を書いた本はないか？　実は天皇陛下がおなくなりになった時、何日間掲げればよいのだろうか？　という中年の男性。

　わからない、頭をひねっていると誰かが国際儀礼とか国家儀礼のやり方を書いた本に出ているだろうと、どこかで誰かが叫んだので、さっそく端末にむかって"国際儀礼"で検索してみると『やさしい

国際儀礼　プロトコールＱ＆Ａ』外務省外務報道官編（世界の動き社　1985年）が出てきたので、とり寄せて見ると「弔旗の掲げ方は？」の（5）に「掲げる期間」とあり、その中に「国主の場合『諒闇』の期間中掲げる」と書いてある。「事例」として明治30年（1898）1月11日英照皇太后の時のことが挙がっている。これを紹介すると、ところで「諒闇」（りょうあん）とは何で、正式には何と読むのかと聞かれたので、手元にとりよせておいた皇室関係の事典で答える。

電話⑤：中沢新一の著作をどのくらい所蔵していますか？　という若い女性。

　端末で"中沢新一"で検索する。まず、典拠をかけて検索する。"全館"で検索すると10件。著者名カードの"中沢新一"のところを持ってきて突き合わせてみる。（ついでにあとで所蔵館別の所蔵状況を突き合わせてみた結果は、以下の通りだった。）

番号	コンピュータ端末			カード
	中央図書館	日比谷図書館	多摩図書館	中央図書館
(1)		○		○
(2)	○			○
(3)		○		○
(4)		○		○
(5)		○		○
(6)		○		○
(7)		○		
(8)	○			
(9)		○	○	
(10)	○			

　図書のタイトルは、(1)『チベットのモーツァルト』、(2)『虹の階梯』、(3)『野ウサギの光り』、(4)『サーカス―アクロバットと動物芸の記号論』、(5)『雪片曲線論』、(6)『観光』、(7)『虹の理論』、(8)『記号の生成論』、(9)『悪党的思考』、(10)『悪党的思考』であ

る。

　(4)と(8)は中沢新一訳、中沢新一［ほか］訳のもの、(6)は細野晴臣との共著、ほかは中沢新一の単独著作。(9)と(10)は同一の書誌、整理の過程での「同定」、つまりすでに整理されていないか、購入していないかの点検のところでミスをしたもので、同じ物。

　典拠をかけないと14件となる。増えたものは、(11)『現代文明の危機と時代の精神』岩波書店編集部編（岩波書店　1984年）、(12)『衣裳のフォークロア』P.G. ボガトゥイリョフ著　松枝到、中沢新一訳（せりか書房　1981年）、(13)『巫俗と俗信』（弘文堂1979年（講座日本の民俗宗教　4　五来重［ほか］編))、(14)『セメイオチケ』2　ジュリア・クリステヴァ著　中沢新一［ほか］訳（せりか書房　1984年）である。

　(11)と(13)は、内容細目でひっかかってきたもの。つまり、1冊に何本かの論文が収録されていて、その中に中沢新一の論文があったというものだ。ちなみに、(11)は「東洋の精神と異文化対話　詩のダルマ　スローガン集」アレン・ギンズバーグ著　中沢新一訳、(13)は、「禁忌の諸相　罪と穢れ」中沢新一著であった。(12)と(14)は、訳者でひっかかってきたもの。(13)は普通の感覚だと「講座日本の民俗宗教」が書名と理解されるが、中央図書館では個別の書名、つまり講座などの続きものでは、個々の巻に違った「書名」が付いていれば、それを書名に採用するというようにしているので、こうなっている。

　ところで、『日本書籍総目録』を調べてみると、このほかに『イコノソフィア』『五木寛之・風の対話集』『井上有一絶筆行』『記号の横断』『燦々彩譜』『仏陀街道（ロード）』『プレイバック高校時代』5、『Jeseph Beuys in Japan（ヨゼフ　ボイス　イン　ジャパン）』があった。

以上の調査結果を手短に紹介する。

●この日の質問件数、カウンター85件、電話227件。

11月16日（水曜日）　　くもり

電話①：「部落解放」1988年3月号に「女性差別撤廃条約と部落解放」という論文が載っているはずだが、著者が誰かわかるか？　という質問。

　現物を見たほうが早いと新聞雑誌室に駆けて行く。山中米子（やまなかよねこ）だった。

電話②：炭火コーヒーの作り方について調べているが、どこの分類を探せばよいか？　NDCのコードを表を見て、596と616のところを探すように案内する。

電話③：ジグソーパズルの作り方で、形はどのように打ちぬくのか？　というもっともな質問。私も不思議に思っていた。

　これはどこの資料を見ればよいのだろう、としばし考えて、玩具工業587.7、玩具（工芸）759.9が関連のところとして考えられるが、どちらだろう。2室にまたがるし、こちらでとりまとめるのは忙しいし……、しばし受話器を握りしめて考えてから、ままよと自然科学室へまわしてしまった。こうやって、ままよ！　と送ってしまうことは結構あって、送られた先の室は困るだろうと思うけれど……、忙しいとついこの、ままよ！　に頼ってしまう。

電話④：英語の語源を書いたもので、本より辞典がいいという。

　「語学辞典解題」のところに行ってカードボックスを引き抜いて持ってきて、カードをめくりながら答える。

カウンター：日本と朝鮮の交流の歴史を書いた本はないか？　という中年の男性。

　それではと端末にむかって、書名キーワードに"日本""朝鮮"と入れて検索する。80件出てくる。通覧画面を見てもらう。カウ

ンターで必要なものをメモして、人文科学室へむかう。

●この日の質問件数、カウンター91件、電話144件。

11月19日（土曜日）　晴れ

電話①：大航海時代叢書に「ムガール帝国誌」というのがあるはずだが、どこに入っているか？

　端末にむかって"大航海"で検索すると61件。"ムガール"では0件。"大航海"の61件を通覧画面で見ると『大航海時代叢書』がずらりと並んで、個別の巻のタイトルはわからない。仕方がないので、書名カードのところに行って『大航海時代叢書』のカードをめくっていくと「ムガル帝国誌」は『大航海時代叢書』第2期の5（岩波書店　1984年）にあった。

　ところで、これには後日談があって。1年後に同じようなことを聞かれて端末で探したところ、今度は個別書名が並んで、すっかり変わっていた。これは、最初はTRCマークを使って整理し、途中で書名のとり方を変えて書きかえてしまうために、こうなってしまったわけだ。ついでに、「ムガール」は、本の表示では「ムガル」となっているので、たとえ1年前に個別の書名が採用されていても、"ムガール"では検索できなかったことになる。

電話②：アンリ・カバーンの本はないか？　という女子大生。

　著者名で調べたがわからない。わからないと答えると、じゃ新潮社から出ているイスラムの建築なんとかという本はないかなぁ、先生にいわれたんだけど、と追加の質問。

　もっとちゃんとした書名はわかりませんか？　エーッと、それしかわからないんです。わかりませんか、それでは少しお待ちください、調べてみます、と答えたものの皆目見当が付かない。新潮社の出版目録で見たがわからない。端末で、"建築"and"イスラム"をかけあわせて検索するが、新潮社のものは出てこない。書名カード

も見るがわからない。結局わかりませんと回答する。たぶん、授業で先生がいったことをきちんと確認しないで聞いてきたんだろうが、でも、先生もかなりいい加減にいっていることもある。どっちも、どっちだが、もう少しなんとかならないかと思う。

電話③：小村捷治の「寿太郎秘史」が日本評論から出ているが、そちらにないか？　という中年の女性。

　書名、著者名カードで調べるがわからない。わからないと答えながら、これ、日本評論というのは出版社ですか、まさか雑誌論文でないでしょうね、昔雑誌で『日本評論』というのが出ていましたが、と聞くと、息子に聞いてくれといわれているのでわからないんですが、雑誌でしょうかと逆に聞くので、『日本人物文献目録』を調べると、出ている。「寿太郎秘史」小村捷治　日本評論 14　昭14　とある。「雑誌」で所蔵を確かめてみると、所蔵している。そのうちコピーとりに行きます、といって電話が切れる。こうした息子、娘に代わって電話をかけたり調べにきたりするのを「有栖川の母」と呼称しているのだが、結構いるのだ。

●この日の質問件数、カウンター99件、電話97件。3時に満席となる。

11月22日（火曜日）　晴れ

　朝から電話はひっきりなし。

電話①：チャーチルの「ワールドクライシス」の日本語訳ありますか、あったらそちらで所蔵していますか、所蔵していたら利用できますか？　という若い女性。

　著者名カードで調べると、『世界乃危機』第2巻　ウィンストン・エス・チャーチル著　三上射鹿翻訳（水交社　昭和4（1929）序）というのがある。これでしょうか、と聞くと、それだという。これは第2巻しか所蔵していませんが、というとそれで結構です、番号を教えてくださいというので、請求記号を教える。

電話②：イギリスのケンシホウテイについて書かれた本にはどんなものがあるか、簡単なものでよいので知りたい。

それなら、まず、百科事典だと飛びつくが、出てこない。すぐに、社会科学室へまわす。

電話③：外交史料館から「国家総動員史」の補巻はお持ちでないでしょうか？　申し訳なさそうな声。

カード、端末を調べるが出てこない。『日本書籍総目録』を見ると、1987年に出版されたものがあることがわかる。買っていても未整理だろう。申し訳ありませんが所蔵しておりませんと、こちらも恐縮して答える。

電話④：「香料産業界新聞」はありませんか？　と若い女性。

雑誌目録で調べて、申し訳ございませんが、所蔵しておりません、と答えると、そういう新聞は出版されているのでしょうか？『雑誌新聞総かたろぐ』で調べると出ている。台東区にある。電話と住所を読み上げる。

電話⑤：「帝国銀行会社役員知名人年鑑」というものはありますか？　とこれも若い女性。

端末で検索すると、所蔵している。

『帝国銀行会社役員知名人年鑑』1988年版　帝国データバンク
　1987年　全12冊

お待たせいたしました、所蔵しております。東海版を見たいのですが。ええ所蔵しております。内容がどんなものか知りたいのですが……。これは現物は人文科学室が所蔵しておりますので……、と答えて、人文科学室にまわす。

電話⑥：吉川英治の「太閤記」はありますか、昭和38年に読売新聞社から出版されたものが見たいのですが、という中年の女性。

"太閤記"で書名カードを調べるが吉川英治のは出てこない。著者名カードで調べると『新書太閤記』が出てくる。昭和38-40年にかけて読売新聞社から出版されている。カードボックスを抱えてもどって、カードを見ながら、これがございますが、と答えると、「新書」と付かないものは所蔵していないでしょうか、と重ねて聞かれるが、残念ながらございません。

電話⑦：高校生ですが、学校の先生に電話をかけるようにいわれているんですが、本の所蔵を調べてくれますか？

　ええ、お調べしますよ、何をお探しですか？「ハラタカシをめぐるひとびと」NHKブックス　なんですが。ちょっとお待ちください、調べてまいりますので、と答えて書名カードに行って調べると、"ハラケイオメグル……"で出てくる。

　所蔵していると答えると、じゃ、「原首相暗殺の真相」という三一書房の本はありますか？　というので、これも調べて、あると答えると、じゃ、「原たかし」「浜口雄幸」はどうでしょう、時事通信社ですが、と重ねて聞くので、これも調べるが、これは2冊で別々の本らしい、原敬はあったが、浜口はなかった。いっぺんに聞いてもらうとよかったのに、所蔵を調べてもらえると思ってなかったのかなぁ、と思う。

電話⑧：AIPPIという雑誌は所蔵していますか？　という某大手研究所の所員という人から。

　雑誌目録で調べるが、所蔵していない、では、どこか所蔵しているところはわかるでしょうか。国立国会図書館の雑誌目録を調べると、"A.I.P.P.I"[JPN]1(1)：1976.9-　とある。これを読み上げて国立国会図書館がお持ちのようですねぇ。どうやったら国立国会図書館は利用できるのでしょうか？　国立国会図書館での雑誌の利用の仕方を案内する。

電話⑨：そちらの図書館を利用するにはどうしたらよいのか？　と

いう年配の男性。

　いろいろお調べしたり、本をご覧いただいておりますが、何かお調べすることはございますか、と聞くと、Aという人の家族はどうなっているかわかるか、というので、『人事興信録』でわかるくらいなら……というと、それでもよいから見てくれ、調べて答えると、いろいろ話をはじめて、で、その婚姻関係はどうなっているのだろうか、と聞くので、これしかわかりませんと答えておしまいにする。どうも、他人のプライバシーを聞かれるのは気持ちがよくない。

●この日の質問件数、カウンター149件、電話318件。電話が300件をこえる。最近の新記録。ほとんど息継ぐひまのない、という感じ。いやぁ、すごかったですねぇ、とお互いの労をなぐさめ合って家路につく。

11月24日（木曜日）　雨のちくもり

　4時からカウンター。

カウンター：「レジャーランド＆レクパーク総覧」'88〜'89　総合ユニコム　は所蔵されているか？　という中年の男性。

　端末で"レジャーランド"で検索してみると、『全国レジャーランド名鑑』サンケイマーケティング編（サンケイ新聞データシステムマーケティング事業本部　年刊）しか出てこなかった。でもまぁいいや、これでも見てみよう、といってメモをとっている。今日は疲れたから明日またきます、というので、よくよく顔を見ると、ひどく疲れたようす。雑誌のレジャー関係のコピーを持っていたので、朝からきて調べていたのかもしれない。しかし、総合ユニコムの調査ものはよく聞かれる。こちらはまったく所蔵していない。電算の端末で探すと、何か画面に出てくるので、それで納得というか、まぁ仕方がないと思ってもらえるのか、なんとなく了解して帰って行くので、こちらもついつい困った時は、端末にむかってしまう。

電話①：女性の声、近くから車の音が聞こえる。少し早口でしゃべ

るので、ところどころ聞きとれない。それに、いろいろいってから一番最後に聞きたいことをいうのでメモがとりにくい。日本色彩研究所の「カナレンジマニュアル」はないか？　というのが最初の質問。

　調べてみると、これはない。申し訳ありませんが、所蔵しておりません、と答えると、意外だったらしく「えっ！　ないの、本当にないの」と叫んでひどく落胆した様子。ない時に、この人のようにひどく驚く人がいるが、こちらは何か悪いことでもしたような気持ちになる。特に、同じ図書館員にいわれると、おまえの調べ方が間違っているんじゃないのと無言のうちにいわれているようで、気分が悪くなる。

　気をとり直して「じゃ」といってから、いろいろまくしたてたあと、「染織と生活」第7号　昭和50年を所蔵しているか、「色のはなし」1、2　の発行所と発行年、「色彩の力」の発行年はわかるかと質問。

　書名カードで調べて『色のはなし』1、2　は所蔵しているのでわかった。技報堂出版　1986年。『色彩の力』は『日本書籍総目録』でわかる。1986年。『染織と生活』第7号は雑誌目録で調べて所蔵しているというと、その中に「パープル史話」というのがあるか確かめてほしいというので、現物を新聞雑誌室の書庫から持ってきて84-85ページにあることを確認して、掲載されていると答えると、また、いろいろ早口でまくしたてたあと「パープルの語源」について書いてあるか？　というので、語源の項目は文章中にありますと答えると、突然、切れた。

電話②：「陸水学雑誌」21巻　1960年、「植物分類地理」11巻　石川県下諸温泉の総類はあるか？

　ともに調べたが所蔵していない。

電話③：千葉県のことを調べたいが、適当な図書館を紹介してほしい、という中年の男性。

千葉県立中央図書館がございます、千葉県庁から歩いて数分のところにあります。ここは、何度か行ったことがあるので、自信を持って紹介する。地域資料室は大変よい。ただ、狭い螺旋階段をのぼっていかなくてはならないが、あれはなんだろうと不思議に思う。最初から、あのように設計したのだろうか、それとも書庫にしていたのを、地域資料室を造るために転用したのだろうか。あの狭い螺旋階段を資料を持ってコピーに行くのも、量が多いとなかなか骨だ。コピーのおばさんはいつもヒマそうにタバコをふかしていた。沢山たのむと、いやあんたのように沢山たのむ人はめったにいないよ、と言ってまけてくれた。こちらの方が気の毒になって本当にいいんですか、なんて聞き返したりしたが……。思えばもう7、8年になる。

電話④：「徳島新聞」「四国新聞」の最新のものはいつのものがあるのか？　これは現物で確認するにかぎると、新聞雑誌室に駆けて行って、11月21日と確認して駆けもどってくる。

電話⑤：世界中のホテルのランクのリストはあるか？
　すぐに社会科学室にまわす。

電話⑥：岩手県からかけているという中年の男性、大和書房の住所を教えてほしいという。
　すぐに手元にある出版社のリストから読み上げる。ついでに、これからこの種のご質問は地元の図書館にお聞きくださいと案内する。

電話⑦：大坂夏の陣あたりからの米価の変動がわかるもので、現在の物価に換算するといくらくらいになるか知りたい、そうしたことがわかる資料はないか？　という若い男性。
　昭和40年とか、その本が出た時点で換算したものはあるでしょうが、そのあとのところはご自身で計算していただかなければなりませんが、そうしたものでよろしいでしょうか、と聞くと、それでいいとのこと。すぐに、自然科学室にまわしてしまおうかと思った

が念のため、自然科学室に、こうした質問がきているが、そちらにまわしてよろしいか、と聞くと、それは、社会科学室にも関係があるし、そちらでとりまとめてくれ、というので、1時間後に電話してもらうように利用者に伝えて、すぐに、社会科学室、人文科学室、自然科学室に調査を依頼する。

　各室の回答。

　自然科学室：『日本米価変動史』中沢弁次郎（柏書房　1965年再刊）の201ページ以下に江戸時代からの歴年の価格表がある。そこに明治45年（1912）の貨幣価値に換算した「現貨換算」の項目があり、数値の記入がある。「勝矢氏調」と注にある。『米価と災異年表』松本政則、松本正一共著（松本正一　1979年）ここにも同様のものがある。

　社会科学室：『日本経済統計集　明治大正昭和』日本統計研究所編（日本評論社　1958年）これに「主要商品卸売物価　明治6年-昭和31年」がある。

　人文科学室：『日本史資料総覧』（東京書籍　1986年）に、「近代米価表　明治1-昭和20年」がある。

　電話番交代の時に、以上を引き継ぐ。

●この日の質問件数、カウンター62件、電話168件。

11月28日（月曜日）　晴れ

カウンター：エステティックサロンの経営状態などがわかる資料はないか？　と中年の美しい女性。

　以前も聞かれたことがあった。端末やカードなどで調べるが出てこない。ほかの室の資料は調べたというので、仕方がない、2階から『キーワードインデックス年報』1989　『総合マーケティング資料年報』1989　をとり寄せて、まず、『キーワードインデックス年報』1989　の巻末の索引1225ページ"エステティックサロン"を

手がかりに調べる。索引には、エステティックサロン 677、1005、エステティックサロン（健康サービス）677、803、エステティックサロン（男性利用）1005 とある。1005ページを見ると、意識調査と利用状況について2件、677ページでは7件の文献が並んでいる。

例えば、1005ページの2件のものは、次のような記載がある。

「エステティックサロン (2310.0511)87/12」で備考に「(事業化マニュアル) 業界現状：施設：需要、内容、立地条件」ほかとあり、「エステティックサロン (1780.0145)87/12」には「経営実態、立地・施設・施設状況、営業品目、店販状況、クレーム内容と処理状況」ほかとある。

これらを紹介すると、「エステティックサロン (1780.0145)87/12」がよいというので、これが具体的にどんな文献であるか探す。これがまた、大変。『総合マーケティング資料年報』1989 を1780.0145のコードを手がかりに探す。やっと258ページにあることを見付け出す。『エステティックに関する調査報告』Ⅱ　日本エステティシャン協会　であることがわかる。ところで、あとで冷静になって調べ方を確認してわかったのだが、『キーワードインデックス年報』の文献は巻末に索引があって、その索引を手がかりにして『総合マーケティング資料年報』を探すとすぐわかるという仕組みになっていた。これは常日頃から、レファレンスブックの使い方、調べ方について勉強していないからだ。

『総合マーケティング資料年報』は、内容がわかるようになっている。「エステティックの利用状況、美容全般、エステティックサロンのイメージ・評価、サロンについて、クレームについて、現状と今後について」というコメントが付いている。さらに、1987年12月に出版され、A4判62ページ、2000円、調査対象は、東京・大阪圏在住のエステティック関係者と一般女性1148人であること

もわかる。大変、便利。

　今度は、これが当館に所蔵されているかどうか調べる。ない。国立国会図書館は、新しいものなのでよくわからない。

　どうしても見たいというので、国立国会図書館に電話をかけて、『エステティックに関する調査報告』Ⅱ　日本エステティシャン協会　が所蔵されているかどうか聞くこと、もしなければ、直接、日本エステティシャン協会に電話して分けてもらうようにするように、日本エステティシャン協会の電話、住所を紹介する。

　どうもありがとうございました、と丁寧に礼をいってから、すぐに電話のところに行って電話をしている。帰りぎわ、直接手に入れることができることになりました、といって帰っていった。

　こうした業界関係の調査、マーケティングについての質問は時たまあるが、当館ではほとんど資料を持っていない。流通に乗るものならなんとか所蔵されているものがあるが、一般に市販されていないものはどうにも仕方がない。そこで、『キーワードインデックス年報』と『総合マーケティング資料年報』を頼りに探すわけだ。この2つは大変索引がよくできていて、たいていのものは文献が出てくる。それをどうしたら手に入れることができるかが、一般の人にとっては問題だ。マーケティング・データ・バンクの会員となっている会社の社員ならアプローチできるが、一般の人は無理だ。会社員でも、自分の会社がそうしたものに入っていることを知らない人もいる。中には、こちらで紹介して、確認をとってもらうと、入っていました、手に入るそうなのでこれからすぐに会社に帰ります、という人もいた。

●この日の質問件数、カウンター58件。

11月29日（火曜日）　雨のちくもり
カウンター①：生化学の英文の文献リストを持ってきて、その中の

ひとつを指差して、イシイなんとか訳と書いてあるので、訳本があるはずだ、わからないか？　と学生。

『翻訳図書目録』77/84　Ⅱ　科学・技術・産業で調べると143ページにある。

> Clinical biochemical and hemotological reference values in normal experimental animals and normal humans. 2nd ed.（実験動物とヒトの血液・臨床生化学検査値集）石井暢［ほか］監訳　清至書院　'83。7 345、25p 27cm 28000円　巻末：文献

カウンター②：「扇容曲」の現代語訳か、解説かがないか？

いろいろ調べて、特別文庫の蜂谷文庫にあることを発見する。

電話①：工業デザイン関係の雑誌はないか？　という女性、仕事で必要だという。

雑誌室に行って雑誌の分類目録を持ってきて、"工業デザイン""デザイン"が含まれるコードのところを調べるが、ロクにない。『雑誌新聞総かたろぐ』を調べるといくつもある。仕方がないので、大変申し訳ありませんが……、と事情を説明すると、電話のむこうで「エェー！」と絶句している。じゃ洋書の雑誌はどうだろうか、以前に聞いた時はわからないということだったが、というので、同じように調べてみると、"Design" London, Design Council. m. No.97(1957.1)-、"Industrial Design" New York, Whitney. Vol.5 No.2(1958.2)-　が欠号があるが、ともかくあることはある。これを紹介する。

電話②：バイオメカニック学会の機関誌はあるか？　と中年の男性。

調べたがわからない。どこに聞けばよいか？　と聞くので『全国学術研究団体総覧』昭和63年　日本学術会議事務局監修（大蔵省印刷局　1988年）326ページに、バイオメカニズム学会ならある

と紹介すると、それだ！　連絡先を教えてほしいというので、電話番号などを読み上げる。

電話③：中年の男性から、オールタナティブテクノロジー、ソフトエネルギーなどについてどうやって調べればよいのか？

　当館での調べ方を説明すると、ところで環境がからんでくるとどうなるのか？　"環境"は、また、別の分類コードがありまして……、と説明すると、実は、イギリスの学者の論文の翻訳を探しているのだが、それはどうやって探せばよいのだろうか、といよいよ本題に入る。翻訳文献の探し方を紹介すると、どうもといって切れる。こういう場合、最初から具体的にこの文献の翻訳を探している、と聞かれたら、もっと違った対応になっただろうが……。そうしたら、どう答えていいか考えてしまうのだが、こちらからの質問の仕方も悪かった。

●この日の質問件数、カウンター86件、電話229件。夕方から窓際のソファーの置いてあるところが騒がしいので、注意して、5階の食堂へ行ってもらう。

12月7日（水曜日）　　晴れ

カウンター：エジソンの本を探しているんですが、全然ないのかしら、調べたがなかったみたい、という中年の女性。

　どうやってお調べになったのですか、著者名カードで"エジソン"を見て、それから"エジソン"を洋書のカードで調べたけど1枚もカードがなかったの。書名カードはお調べになりましたか？　どこにあるのですか？　すぐそこの黄色のラベルがはってあるカードですが……。あっ、そうですか、どうやって引けばよいのでしょう。いや、"エジソン……"という書名の本を探すわけです、それに分類カードの28の伝記のところで調べる方法があります。ここは被伝者の50音順でカードが並べてあります。

ほかにうまく探せる方法はないのかしら、実はエジソンが書いた筆跡が載っている本を探しているんですけれど、すぐにわからないのかしらねぇ、こういうことって……。ありませんねぇ、伝記だとか、著作にあたって口絵などに出ているものを見付けるほか、普通はないのですが、エジソンの場合、どうかわかりませんが、有名な方だと写真集があって、そこに写真で出ている場合があるんです。このコンピュータで調べられませんの？　ええ、調べてみましょう、と「書名等グループ」で"エジソン"と入力して検索してみると2件出てくる。とりあえずこれを手がかりにお調べになったらいかがでしょう、とメモをわたすと、ええそうしてみますわ、とエレベータにむかう。

電話：美術の図版集がないか？　次の4人のものを調べているのだが、といって4人の名前を読み上げる。

　フリートリッヒ、クールベ、セガンティーニ、クリムトの4人。まず、著者名カードで調べてみるが、クリムトが1冊出てきただけ。そこで「人物に関する年譜・著作目録・参考文献（外国人）」を調べると、それぞれ3、4枚ずつある。カードボックスを両腕に抱えてもどってきて、カードを見ながら紹介する。大変助かったといって切れる。当館の自館作成書誌索引もなかなかよい。特に、この「人物に関する年譜・著作目録・参考文献」はよい。

　ところで、クールベは、クールベ、ギュスターブ（1819-1877）とクールベ、エルンスト・J（1932-）と2人いる。ここでは、後者だった。

●この日の質問件数、カウンター85件、電話163件。

12月8日（木曜日）　晴れ

電話①：美術の関係の本で学研の「世界美術大系」とグラフィック社の「ベルザー版世界の美術」は所蔵していないか？　あとのほう

は初期中世ロマネスクの部分を見たいという若い元気な女性。電話のむこうでは事務所の中なのか人の話し声が交錯している。

　書名カードなどを調べたが両方ともない。『日本書籍総目録』も見たが、出てこない。ひと息入れて、もう一度調べ方を変えてみようと、今度は"大系……""西洋……"とあたりを付けて調べる。『大系世界の美術』全20巻（学習研究社　1971-75年）、『西洋美術全史』5（グラフィック社　1979年）がある。5の内容は、「初期中世美術」で、ハンス＝ホレンダー原著　越宏一翻訳とある。大変お待たせしました、といって、こういうものがありますと紹介すると、それかもしれませんねぇ、これから拝見に行きます、といって切れる。昼休みに、人文科学室まで確かめに行く。後者は、ドイツのベルザー社発行の美術史叢書を訳したものだった。

電話②：「ビクトリア朝小説のヒロインたち」という本がそちらにあるはずだが、書誌事項を教えてもらえないか？　という女子大生。

　『ヴィクトリア朝小説のヒロインたち―愛と自我』松村昌家編（大阪　創元社　1988年）とカードを読み上げると、すると「編」となっているとすると論文集になっているわけですね。そうかもしれません。その中のある論文の著者が誰なのかを確かめたいのですが。そうですか、それならこれを管理している人文科学室に電話をおまわしします。これから請求記号、つまり本の整理番号を申し上げますので、メモしていただけますか、といって、請求記号を読み上げてメモしてもらって、それではこれからおまわしします。出た者に、請求記号と書名をおっしゃって、用件をいっていただけますか、といってから、9番をまわして電話交換手を呼び出して、人文科学室へまわしてもらう。

電話③：平川祐弘の「西洋文明の衝撃」という本があるか？　と男子大生。いつ出版されたかわかりますか、と聞くが、わからない。

　著者名カードでは出てこない。書名カードで"セイヨウブンメ

イ……"で探すと、『日本生活文化史』7（河出書房新社　1974年）内容：西洋文明の衝撃　が出てきたが、違う。『日本書籍総目録』で著者名から調べると、『西欧の衝撃と日本』（講談社　1985年（講談社文庫））というのがある。こういうのがありますが、これでしょうか、と聞くと、それですというので、出版社などを読み上げる。当館では申し訳ありませんが所蔵しておりませんので……と大急ぎでいい添える。

　11月の電算端末を使用した事例をとりまとめる。書名中のコトバで探している事例が多い。また、当館で購入しなかったものまで「出版データベース」という形で持っているので、新刊書の書誌情報を知るために検索している例がある。このあたりは書名カード時代では考えられなかったことだ。

　書名中のコトバで検索している例では、(1) 分類がよくわからない時使う例として"医療保障"、(2) 特定の事項について書かれている本を探す例として「ナスカ」、これはナスカの地上絵について書かれた本はないかと聞かれたもので、4件出てきている。(3) 新しいテーマの資料を探す場合として"バイオテクノロジー"、これは、55件出てきているが、ほとんどが整理中であった。

　ところで、当館の電算システムは、一般件名を持っていない。タグ、つまりデータを入れる箱は用意されているが、いわゆる一般件名を入れることを予定していない。そのため、主題検索、つまりある事項、テーマに関する文献を調べる場合、書名中のコトバを探す方法と、分類番号と書名中のコトバを組み合わせる方法しかない。これは、主題検索のひとつの制約となっている。「制約」となっているというより、主題検索を行うのは無理だと言った方がよいかもしれない。当館の場合、コンピュータに多大な期待をかけるより、その入力されているデータの内容からみて、所蔵検索のためのトゥールと割り切ってしまった方がすっきりする。

●この日の質問件数、カウンター88件、電話127件。

12月9日（金曜日）　うすぐもり

電話①：アメリカ移民に関する本はないか？　と聞かれたのでさっそく端末にむかって「移民」で検索してみる。

　52件出てくる。で、どのような内容の本が必要なのでしょうか、と聞くと、移民に対して市民権を持つもの、グリーンカードを持つものなどランクがあるらしいのだが、その割合が出ているものがほしいと、ひどく具体的な話になる。日本人でよろしいのですか、とまた、聞くと、日本人の移民について知りたいというので、そういうお話でしたら……、と社会科学室に引きとってもらう。最初から丁寧に聞けばよかったと反省する。

電話②：来年アメリカの大学院に行くつもりなのだが、どこに行けばよいか自分で調べたい、大学の教授の実績などがわかる資料はないか？　そちらに行けばわかるだろうか？　という女性の声。

　ひどく声が遠いうえに、シャワシャワと細かい雑音が入るので、どちらからおかけなのですか、と聞くと、北海道からです。失礼ですが、大学はどちらの大学ですか、H大学です。それなら、H大学の図書館にお聞きになられたほうが、よろしいのではないでしょうか。H大学の出先学部で、函館の近くなのです。ここからは、札幌へ行くのと、東京へ行くのと時間的にはあまり変わらないし、東京に行けばいろんな機関があってわかるのではないかと思いまして、という。それにしても……と、やはり、大学の図書館を利用することを勧めて、東京に出てくればアメリカン・センターなどもあって調べるところはあります、と案内する。

カウンター：大学の研究紀要は所蔵していますか？　と女子大生。

　所蔵しています。あちらの新聞雑誌室にあります。何か特定の大学の紀要をお探しですか？　いえ、まだわからないんです。こちら

はやや気ぬけがして、美しい顔をまじまじと見つめてしまう。実は、ヘミングウェイについて調べたいのですが、どうしたらいいのでしょうか。大学では先生は研究紀要で調べたらとおっしゃるのですが……。(ここまで聞いて、よほどどちらの大学の先生ですか、大学の図書館にはどうして……、と聞きたくなったが、じっと我慢して)調べ方はいろいろなルートがございますが、それでしたら、とりあえずヘミングウェイの文学の研究書をお探しになられて、さらに詳しく調べたいのであれば、雑誌記事索引などで大学の研究紀要、論文をお探しになられたらいかがでしょう。

それにはどうしたらよろしいのでしょうか？　では、まず、これをご覧いただきましょう、と、『邦語文献を対象とする参考調査便覧』を見せて、ヘミングウェイを調査するためにこういう文献があります。まず、これらを調べてなお、必要なら文献をリストアップして、また、基本的な事項はこれらの文献でわかるでしょうから、それらをメモして、また、当館の書名カードなどを使って関係文献をリストアップして、さらに人文科学室に文学関係の「人物に関係する年譜・著作目録・参考文献」のカードもありますので、それで関係文献を探すこともできます、とメモを作りながら案内する。

メモをわたすと、作品論はどうやって探せばいいのでしょう？　それは、いままでにご紹介したやり方でリストアップした文献の中にも入ってきていますが、先生が研究紀要で探すようにといわれるのでしたら、むしろ『雑誌記事索引』を調べたほうがいいかもしれません。『雑誌記事索引』の累積版の索引で作品論がズバリ探せますので、これを使うのがいいかもしれません。『雑誌記事索引』の累積版はどこにありますか？　あそこにあります、と壁際の書架を指差す。

しばらくすると、またやってきて、すみません、調べ方がわからないのですが……。では、と一緒に『雑誌記事索引』の累積版のと

ころに行って、実際に本を手にとって、索引の調べ方から説明する。それをボー然として聞いている。件名編の後半に人名索引があって、そこを手がかりに探すと、文学者の場合、作品論も探せるというのは、やや熟練が必要かもしれない。

　また、しばらくするとやってきて、すみません、と蚊のなくような声で、「ここまでわかったんですけど、これはどうやって探せばいいのでしょう」と『雑誌記事索引』のリストを指差す。これが論文のタイトル、著者、論文が掲載されている研究紀要のタイトル、巻号、刊行年月、ページ、で、まず研究紀要がどこで見ることができるかですが、当館では新聞雑誌室で研究紀要も扱っていますので、新聞雑誌室の研究紀要のタイトルを調べて、あればお求めの巻号があるか確認して、カウンターに請求してください。なければ、『国立国会図書館所蔵国内逐次刊行物目録』か『学術雑誌総合目録』で探してくださいと案内する。

　まあ、仕方がないですねぇ、としかいいようがない。大学に入るまでは、文献を調べる訓練は受けてないし、大学に入って突然、研究紀要を調べろといわれてもねぇ。それにしても、当館も質問件数が少なかった時期はよかったけれど、こう増えてきて、これからも増え続けるようだと、学生はどうにかなりませんか、と時たま話したりする。学生によっては、手紙で質問してきたりするが、はなはだしいのは大学図書館へも回送している。

　ところで、こうした場合、メモをとりながら聞くという人は、学生、社会人ともめったにいない。分類コードを教えても、メモもとらず、書架に行く。当館も主題室制をとっていて結構広いのだ。途中でわからなくなったり、聞き間違えたりして、もう一度聞きにくることになる。

●この日の質問件数、カウンター74件、電話131件。この頃から、電算端末の利用状況を把握するため、検索した件数をカウントしは

じめる。この日は18件。

12月13日（火曜日）　くもり
カウンター：外国の新聞を購読したいが、出版元などがわかる資料はあるか？　と中年の男性。

　分類コード0703の書架に案内して、イギリスは"BENN'S MEDIA DIRECTORY" 1988 136th edition. アメリカは"THE IMS Ayer directory of publications" Fort Washington：IMS Press, 1983. などを案内する。

　しかし、こんな案内をするより、丸善や紀伊國屋書店に聞いたらと案内したほうが親切だったかもしれない。
●この日の質問件数、カウンター77件、電話192件。

12月22日（木曜日）　晴れ
電話①：安西均「戦後の詩」という本はあるか？

　あります。貸し出しはしていますか？　していません。なぜですか？　当館は都立の図書館で参考調査と区市町村立図書館のバックアップのために作られております。基本的なサービスを、区市町村立は貸し出し、都立は参考調査、と役割分担をしております。当館の資料をお借りになりたい時は、まず、お近くの区市町村立図書館にご相談ください。そこの自治体の図書館にない場合、当館からお送りして、お借りいただいております。

　で、コピーはやっているんですか？　やっております。ただし、著作権法の許す範囲内で、著作権法に基づいてやっております。自分でできるのですか？　こちらでコピーをして、おわたしする方法です。で、詩歌の場合、ひとつの詩歌が、ひとつの著作物と認められますので、それは、半分までしかコピーはできませんので、ご了承ください。すると、ひとつの著作物を2人で分けてやればできる

わけですね。そうしたご質問には、お答えできません。法の趣旨から申し上げますとできません。お客さまの良識に待つよりほかありません。

著作権法に対する理解は低くて、こう説明すると怒り出す人がいる。また、そんな法律があるのかと、驚く人も少なくない。

電話②：川崎市の某大手のメーカーの研究所の所員から、洋雑誌を所蔵していますか？

少しですが、所蔵しています。どんなものをお探しですか？"ANAL"というタイトルの雑誌です、というので、"Periodical Title Abbreviations：By Abbreviation"を調べる。"ANAL"は"Analyst"とあるので『国立国会図書館欧文雑誌目録』を調べると、出てきたので、国立国会図書館に所蔵されている旨伝えると、いや、続きがあって、"Anal. Biochem."と続くのだという。最初からそのようにいってくれればいいんだとぼやきながら、同じ手順で調べてみると、"Anal. Biochem."のところは"Analytical Biochemistry"で、国立国会図書館は所蔵している。当館は所蔵していない。これを伝えると、ひどく丁寧ないい方になって、ところで、どうやってお調べになったのでしょう、と聞くので、調べた手順を説明する。なるほどそうやって調べるのですかとひどく感心して、1972年の分を見たいのですが、国立国会図書館は所蔵していますでしょうか、確実なところは直接お電話でお確かめくださいといって、電話番号を伝える。

カウンター：武漢大学から刊行された「中国教育概況」はないか？と2人連れの女子大生。

カードで調べるのです、といって、中国書の書名カードのところに案内して、カードの引き方を説明する。しばらくしてやってきて、わからないというので、また、一緒に行って調べてみるが、ない。仕方がないので、ほかに似たようなものがないかと中国書のコーナーに案内して、本をめくりながら、具体的に何を調べているの

かと聞くと、最近の中国の教育事情で、教育改革、特に教育全国委員会についてだという。それなら、中国の総合年鑑から調べるのがよいと（こうした調べ方は、どこの国でもおなじだ）、『中国年鑑』の"教育"の項を見ると、毎年の事情が書いてある。新しいものに"教育改革"も出ていて、"教育全国委員会"についても記述がある。それを見せると、これでよいとのこと。

電話③：両墓制についての文献はないか？　という男性。

端末と書名カードなどで調べてみるが出てこない。『邦語文献を対象とする参考調査便覧』を見ると、「両墓制　337ページ」とあるので、該当のページを見る。「(2) 両墓制関係　文献目録　新谷尚紀→「民俗と歴史」2　民俗と歴史の会　1976」とあるので、それを紹介する。その雑誌はどこに行けば見ることができるのか？　国立国会図書館は持っている、当館は所蔵していない。発行所はわからないか？　『国立国会図書館国内逐次刊行物目録』では、「飛鳥書房」となっているので、出版社の名簿で飛鳥書房を調べて連絡先を紹介する。

電話が終わってから、『雑誌新聞総かたろぐ』はどうなっているかなと調べてみると、

　　民俗と歴史　年2回　1975年11月刊　民俗と歴史の会発行 0425-45-1994　昭島市朝日町4-3-19　編　新谷尚紀

となっている。しまった、と思ったが、あとのまつり。

電話④：「ホームセンター」という雑誌を所蔵しているか？　という中年の女性。

調べて、所蔵していないと答えると、ホームセンターについての文献を探しているが、どうしたらよいだろうか？　というので、当館での調べ方を案内する。具体的には、調べてみないとなんともいえない。たぶん、こうした新しいテーマについては、『キーワードインデックス年報』ぐらいしか手がかりをあたえてくれるものはな

いのではないか。

●この日の質問件数、カウンター70件、電話118件。電算の端末で検索した件数31件。

12月23日（金曜日）　晴れ

　朝からカウンター。

　3人の女子大生が目録ホールをウロウロして、そのうち額を寄せ合って相談をしてからカウンターにきて、これを調べるのはどのようにすればよいか？　とコピーを差し出す。「天草版平家物語」などが並んでいる。よく見ると請求記号が書きこんである。これはどこの図書館の請求記号かと聞くと、大学図書館のだという。この図書館で何をお調べになるのですか？　「中世の動詞の研究」という題のレポートをまとめなければならないのだという答え。それなら日本語の研究書の置いてある書架に行ってよさそうな本を選んで、読んでレポートをまとめたらいいのではないかと提案すると、このリストに挙がっている本を手にとって調べて書くようにいわれているので、まず、この本を見たいんです。この本を、この図書館で見るにはどうしたらいいのでしょう？

　図書館での書名カードの引き方や本の調べ方は習わなかったのですか？　と聞くと、1年生だから知らないと胸をはる。それは2年生になったら習うことになっているともいう。書名カードのところに連れていって、書名カードの引き方や資料請求票への記入の仕方、本の探し方などを教える。

　これくらいのことは、大学の授業の最初に教えたらどうなんだ、と図書館の利用者教育もしなくてはならないだろうが、結局、必要にせまられなくては覚えないし、分野毎の資料の特性と探し方があるから、文学なら文学の授業の最初の時間に教えたほうが効果的だと思う。もっとも、こうした基本的なことがわかっていないんじゃ

ないかと思うような大学の先生もいたりするから、どれだけ効果があるかわからないけれど。

　ついでにいっておくと、学術論文の注や参考文献に記載されている書誌記述には不備なものが多すぎる。不備なもののために学生や後進の研究者がわからなくてウロウロしている。ひどい時間の無駄だ。

カウンター①：続いて中年の女性がきて、フランス語で書かれた聖書はないか？

　すぐに洋書の分類目録の 1935 のところに行って、カードをめくって"La Bible"のカードを示す。これです、というので資料請求票の書き方と3階の人文科学室に行ってからの本の探し方を案内する。

カウンター②：学生。また、コピーを差し出して、この赤線を引いてある本はないかと指差すので、見ると「リーグル美術様式論」と書いてある。もう、何かお調べになりましたか、と尋ねると、書名目録はもう調べたがなかったという。じゃ、著者名目録に挑戦してみましょう、と著者名目録のところに行って、リーグルで調べてみると、あった。『美術様式論』、これですね！　と示すと、そうですといって、メモをとりはじめる。

電話：ダヌンツオの書いたものはどれくらいありますか？　と区立図書館。

　著者名カードで"ダヌンツオ"で調べると何冊かある。それを紹介する。あとで、人文科学室の「文学分出カード」も調べてみるべきだったと思い、人文科学室に行って見せてもらうと、やっぱり何冊かある。もう一度こちらから区立図書館に電話して、追加の紹介をする。

●この日の質問件数、カウンター63件、電話126件。

12月27日（火曜日）　晴れ

　今日は今年の最終日。午後1時から新聞雑誌室のカウンターがひ

どくこみ合うようになって、あふれた人がこちらのカウンターにもやってくる。

カウンター①：数ヵ月前に新聞の広告で見た雑誌を見たい。

　どんな雑誌でしたか？　経営関係の雑誌で渋沢英一という人のだが。昔、渋沢栄一という人がいましたが、この人のことではないですね？　さぁ、そうではないと思いますが、何分だいぶ前の話で……、と首をひねっている。こちらもあまりに漠然とした話なので、一緒に首をひねってしまう。まぁ、見たと思われる頃の新聞をご覧になるほかありませんねぇ。新聞は、新聞雑誌室に入って左の新聞架のところにありますので、そこでご覧になってください、と案内する。

　1時45分、満席。2時前にはコピーの受け付けカウンターに20メートルほどの列ができる。

カウンター②：『中央公論』の戦前の論文で老人問題に関するものを調べたいのだが、どうすればよいか？

　『中央公論総目次―創刊号より第1000号まで』（中央公論社1970年）を調べたらよい、と案内。

カウンター③：「人事興信録」の古いものはないか？

　端末で探して、昭和6年のがあるので、それを案内。

　次々とカウンターにくる。「近代文学研究叢書」49はあるか？「ドキュメント昭和史」1　日本人の自伝　6　はあるか？「中小企業の経営分析」という本はないか？　チューインガムに関する文献を調べたい。　パーリ語の辞典はないか？「東洋遍歴」という本はないか？　工業統計表は？　日本を中心とした主要統計を調べたいが……、とどういうわけか社会人が多い。

　コピーの受け付けは、今日はいつもの6時から1時間繰り上げて5時締切としたが、5時近くになると受け付けを待つ列が長くなりはじめ、目録ホールをぐるりととり囲むまでになる。今日はコピ

ーが終わるのはこのぶんだと8時すぎになるかもしれませんねぇ、と話し合って、遅番の担当者を残して帰る。
●この日の質問件数、カウンター102件、電話187件。コピーの事務が終了したのは、8時30分だった。

1989年（昭和64／平成元年）

1月9日（月曜日）　雨のちくもり

　遅番、5時からカウンター。

　利用者は多い。5時すぎになっても、カウンターにくる人はあとをたたない。少し騒がしい。

　女子大生が続いてやってくる。

　文学作品の原綴りを指差して、この訳本がないか？　デルブリックという文学者についての文献とその訳本はないか？　心身症と神経症との違いがわかる本はないか？　美術全集はどこか？　などなど。

　2番目のデルブリックは、大苦戦。事典類、書誌索引類には出てこない。『世界名著大事典』（平凡社　1960-61年：1987年にオリジナル新版16冊が出ている、これは意外と役に立つのだが）を見ると、著者編343ページに「デルブリック　Berthold Delbruck（1842～1916）」とあり、略歴、著作が書いてある。言語学者。邦訳の表示もあるので、これを手がかりに調べたら、と案内。
●この日の質問件数、カウンター59件。

1月10日（火曜日）　くもり

　朝から電話。

電話①：書評関係の雑誌はないか？　特に、古書関係の書評誌を見たいのだが……、という質問。

しばらく受話器を置いて考えてから、これはむずかしい、バタバタしてもはじまらないのでマニュアル通りにやるよりほかない。『邦語文献を対象とする参考調査便覧』の"書評"の項を調べる。14ページに次のものがある。
　　（1）参考文献案内　書評索引　長澤雅男→「書誌索引展望」
　　　　5(3)(1981)
　　（3）書評関係　参考文献　岡村敬二→「大阪府立中之島図書館
　　　　紀要」15(1979)
　これを紹介する。午後になってカウンターから、『大阪府立中之島図書館紀要』を紹介した人、出てきてください、と電話。行ってみると、カウンターの担当の代田さんが困った顔をして、紹介された雑誌に出ていないと怒っていらっしゃるのですが……というのでそばに立っている男の人にあいさつをして用件を聞く。
　要するに電話で教えてくれた雑誌に出てないじゃないか、いい加減なことを教えるなということであった。申し訳ございませんと謝りながら、手に持っている雑誌を、ちょっと拝見しますと手にとってみると、12号で号数が違う。これは、ご紹介申し上げたものとちょっと違うようです、少しお待ちくださいといって、新聞雑誌室の書庫に走って行って、15号を持ってきてこれですが……と該当のところを見せる。しばらくページをめくっていて、にこにこして、これでいいんです、こういうのを見たかったんです、という。それでは、と新聞雑誌室に行って、出納の正式の手続きをとってもらう。怒ったことなどすっかり忘れたようで、申し訳ないともなんともいわない。喜んでいるので、まぁいいだろうという気持になる。電話ではこうしたささいな聞き違いは、時たまある。
　電話では、複雑な請求記号や数値の伝達は、特に注意しなくてはならない。
電話②：新人物往来社から昭和44年に出た「中川史料集」という本

はないかという老人。調べて、あると答えると、実は、神奈川県立図書館に聞いてなくて、そちらを紹介されたのだが、場所はどこか、そして利用方法は、と聞く。場所はすぐ説明がついたが、利用の方法はなかなか理解してもらえない。書庫出納について説明をして、次に行こうとすると、「で、書庫出納はどうしたらいいのか」とくる。結局、わかったようなわからないようなことになって電話を切る。

電話③：利用者からそちらから借りてくれといわれているが、著者名と書名しかわからないが、調べてくれるか？　と市立図書館から。

　端末で調べると岩波新書の『国際連合―その光と影』(岩波書店 1985年) だった。

電話④：モラロジーに関する文献を所蔵していないか？　という区立図書館から。

　端末で"モラロジー""モラロジィ""モラロジイ"と入力して、それぞれ検索してみると、"モラロジー"で3件出てきた。それを紹介すると、『日本書籍総目録』を見ると、概説書が広池学園出版部から出版されているが、それは所蔵していないのか、というので、調べてみるがない。大変申し訳ありませんが、所蔵しておりません。

　このように、整理されていてもよさそうな本が、ないというのが、一番こたえる。

電話⑤：ワニのつかまえ方を書いた本はないか？

　あまりに漠然とした質問なので、書名や著者、ほかにわかっていることはないのかと聞くと、全然わからない、とにかくワニのつかまえ方だ、というので、自然科学室に回送する。(これは、ほかの人の話では、最近話題となった本らしい。)

カウンター①：日航機とか航空事故について書いた本は、どこに行けば見れるか？

　端末で調べてみると、『航空大事故の予測　日航ジャンボ機墜落の謎』井上糾夫著 (大陸書房　1985年) がある。請求記号の最初

にある分類番号は5385なので、4階の5385の分類コードの書架をお探しください、と案内する。

カウンター②：「衣の民俗叢書」という本はないか？

叢書というからには個別書名があって、それがわからないと探せないのかなぁと思いながら、ともかく利用者のいう通りに調べてみようと、書名カードを調べてみると、あった。単行本だった。こういうこともある。

電話⑥：「日本年号大観」という本を所蔵しているか？ と中年の男性。

調べて、あります。1933年（『日本年号大観』森本角蔵著（目黒書店　1933年））のものがあります、と答えると、古いですねぇ、ほかに年号に関する文献はありませんか？ "年号"で調べながら、"元号"でも調べたほうがいいなと、"元号"も調べる。

『元号事典』（東京美術　1977年：元号に関する文献 p.266-269）、『年号の歴史　元号制度の史的研究』所功著（雄山閣　1988年）、『年号の研究』神道史学会編（伊勢　皇学館大学出版部　1979年：『神道史研究』昭和52年11月特集号を単行本扱いで受入したもの）、を紹介する。

●この日の質問件数、カウンター77件、電話191件。午後1時15分満席。

1月11日（水曜日）　晴れ

電話①：「先端材料ハンドブック」という本が、去年の11月頃出たはずだが、所蔵していないか？

電話が遠い。「センタン」が聞きとれず、3度も聞きかえしてしまう。まわりがしゃべっていると、どうしても聞こえない時がある。出版社が知りたい。端末で検索して、整理中の本の中から探し出して、「東京　朝倉書店」と答える。

電話②：過疎の村で廃屋を開放しているところがあるそうだが、そ

うしたことを書いた雑誌が出ていると人から聞いた。その人はテレビで見たそうだ、そういう雑誌は本当に出ているのか？　なければ、そうした情報が載っている本でもよい。早口な男性。質問の中身をもう一度確認してから、少し考える。

　雑誌といってもどんな雑誌になるのか、タイトルがわからないと仕方がないし、自然科学室と社会科学室に聞いてみるか……、と受話器をとり上げて、すぐにわかりそうにないので、少しお時間をいただいてお調べしたいと思いますので、申し訳ありませんが、1時間後にまたお電話いただけませんか、といって、電話をいったん終わりにして、受話器は握ったまま電話を切って……（ここが肝要だ、受話器を置くとすぐにベルが鳴ってしまう……）、すぐに、自然科学室と社会科学室に調査を依頼する。と、それを聞いていた瀬島さんが『雑誌新聞総かたろぐ』を調べてくれて、この雑誌じゃないかと、『田舎暮らしの本』を指差してくれる。

　　田舎暮らしの本　創：1987.9.25　季刊雑誌　A5判　160頁＠￥1500　〒300　販：書店（1、4、7、10月各25日付、前月25日売）部：50000　広：有　発行＝（株）JICC出版局　東京…　内容：これから「家」を構える30歳代、定年後の生活を充実させたいと思い始めた40歳代を読者の中心として田舎で暮らす夢を実現させるための情報誌。売家情報や菜園のつくり方などの実用知識から田舎での新しい生き方まで、田舎暮らしに関する情報を幅広く収載する。

　これでいいと決める。社会科学室からパンフレット『ふるさとガイド　ふれあい体験』（ふるさと情報センター　刊年不明）が送られてくる。自然科学室からは、『わが町わが村の産業おこし』（第一法規　1985年）などが送られてくる。

1時間たって電話がかかってきたので、集まったものを紹介する。『田舎暮らしの本』が大変いい、といって、電話が切れる。あとで、これは所蔵していないと伝えそこなったことに気が付いて、悔むことしきり。

電話③：河合曽良の「奥の細道随行記」の現代語訳はないか、という学生。

　これがむずかしいんだよなぁ……とつぶやきながら『日本古典文学大辞典』で調べて、ないことを確認してから、カード、端末で探すがない。仕方がないので、その旨伝えて、人文科学室に回送する。まわされた人文科学室でも困るだろうなと思いつつ、ヒョッとしてあるかもしれないし……。

電話④：続いて、本居宣長の「源氏物語玉の小櫛」の現代語訳はないか、という元気な女性。

　この時期。このような日本古典の現代語訳、外国文学の翻訳についての問い合わせが多い。先日は、西鶴の現代語訳の本が、中のページを全部切りとられて、カバーだけが書架の間に投げすてられていた。ともかく、せっぱつまった感じのものが多いのだ。これも、先の手順をふんで人文科学室にまわす。

●この日の質問件数、カウンター91件、電話165件。

1月12日（木曜日）　雨

電話①：「東京航空写真地図」写真測量所編　創元社　昭和28-29年4冊、これがないかと若い男性。1軒毎にわかるものがほしい、文京区で昭和20年代から30年代にかけてわかるものがほしい。いま出ている「ゼンリンの住宅地図」のようなものがあればもっとよい。とりあえず、上記のものがあるかどうか調べてくれ。

　東京室の書名カードを調べると所蔵している。所蔵しておりますと答えると、コピーはとれるか、というので著作権を説明し、この

場合たぶん1枚の2分の1までだろうというと、必要なのは特定の土地のところだけで、当時そこに何があったか知りたいだけだから、いまから行く、と電話が切れる。

電話②：区の図書館で聞いたのだが、雑誌は見せてもらえるのか、個人で行ってみせてもらえるのか、個人で行くと見せてもらえないかもしれないといわれたが……。

　どなたでも見ていただけますが、何をご覧になりたいのですか？「エアーライン」という雑誌だが。調べてみるがない。所蔵しておりません。どこに行けば見ることができるだろうか？　ちょっとお待ちください、といって、『国立国会図書館所蔵国内逐次刊行物目録』を調べると、「Air line」で誌名をとっている。それを紹介すると、国立国会図書館はどうやって行けばよいのか？　いま、どちらにいらっしゃるのでしょう？　新宿だ。それでしたら、地下鉄の赤い電車の丸ノ内線にお乗りになって……、と経路を説明する。

電話③：小原庄助について書いた本がないか、講談でもよい。神田の古本屋に聞いたら、そちらの図書館で聞けば教えてくれるだろうといわれたので、電話しているのだという中年の男性。

　以前にも、女子大生が同じように神田の古本屋で紹介されたと、文学作品のことを聞いてきたことがあったが、神田界隈でも、都立中央図書館は頼りにされているのかな、と思いつつ、マニュアル通りに『日本人物文献目録』を開いて、"小原庄助"の項で『小原庄助』佐藤宗民著　山田書店　昭28　をメモして、ついでに「人物に関する年譜・著作目録・参考文献（日本人）」で"小原庄助"を調べて、『小原庄助　その祖先と小原城跡』小原庄助研究委員会編（東京　甲陽書房　1972年：参考文献：p.78-83）をメモして、書名カードに行って調べてみるが2冊とも出てこない。

　前者はないとして、後者は何か事故でもあったかなと思って人文科学室へ電話をして確認してもらうと、「亡失」、つまりなくなって

しまったものだという返事。これはまいった、講談などわからないかとおっしゃっているので、調べてもらえるだろうか、と聞くと、調べてみますので、お電話をおまわしくださいと大変親切な答え。これ幸いと、利用者には大変お待たせして申し訳ありませんが……と断って、調査の経過を説明して、これから人文科学室へおまわしします、と伝えると、それではまたお電話しますというので、では、調べておきますと答えて、電話を切り、すぐに人文科学室へ電話して調べておいてくださいと依頼する。

　こういう時、ありますかねぇ、となんとなく調べたくなさそうにいわれると、でも調べてくださいともいいにくく、じゃいいや、「わかりました」といって切って、こちらでなお調べて出てこないと、そこでおしまいとなってしまうことがある。

　しかし、あとで、『会津大事典』（国書刊行会　1985年：p.130に小原庄助の項あり）、『伊那谷の人びと』第2編　最後の殿様　内藤頼直公とその時代　小松徹著刊（付：小原庄助さんのことども p.67-70）がリフトで送られてくる。

カウンター①：女子大生がきて、西洋絵画を見たいというので、NDCコードが720なので、720の分類のところをご覧になればいい、と案内する。しばらくして、720のところを見ても少しも西洋絵画のものがないが、720は何かの間違いではないかといってくる。どちらをお調べになりましたか、と一緒に分類カードのところに行くと、分類コード0720のところを指差した。失礼ですが、ここではなくてこちらです、と、7200のところへ案内すると、「エッ！」と絶句して、私って無知ねぇとつぶやいて、どうもすみませんとカードを見はじめる。

カウンター②：「今日の新薬」第5版はないか、と中年の会社員。

　書名カードで調べてみると第3版まで入っている。端末で探してみても出てこない。申し訳ございませんが、第5版は所蔵して

おりません、と頭を下げる。第3版があってなぜ第5版はないのか、買わないのか、というので、大変申し訳ございません、収集の係にご意向はお伝えしておきます、また頭を下げて、なんとかおひきとり願う。ここでは予約とか、購入希望は受け付けないのか、受け付けないのはなぜか……、といわれると、まったくその通りなので、まいってしまうのだが……。なんとかならないのか、と思う。

電話④：神奈川県下の市立図書館から「信じようと信じまいと」という本を、以前、日比谷図書館で見たという利用者がきているが、その本の書誌的事項を知りたい、利用者は、昭和28年頃出版されたはずだといっているが……。

あまり書名らしくない本だなぁ、と思いながら書名カードで調べてみると、ある。『信じようと信じまいと―世界中のうそのようなほんとうの話』リプレー著　庄司浅水訳（東和社　1951年）。ところで、こうした書誌事項は、今では『日本著者名総目録』48/76（日外アソシエーツ　1989年　著者名のほかに書名でも引ける）で調べることができるようになった。これは1945年から現在まで分冊で出版されている。

●この日の質問件数、カウンター77件、電話140件。

1月13日（金曜日）　くもり

カウンター①：航空機の時刻表はないか、世界のだが。

『事典の小百科』紀田順一郎、千野栄一編（大修館書店　1988年）を調べると、18ページに世界の時刻表として"ABC World Airways Guide"が代表的なものとして出ている。所蔵を調べると、所蔵していない。やっぱりないか、と利用者ともどもがっかりする。（これもあとで所蔵するようになった。）

カウンター②：横浜市の経済地図で昭和38年頃のものはないか、住宅が一戸一戸書いてあるものだが……、と中年の男性。最近のは確

かにあるのですが、と書名カードで調べてみるが、やっぱりない。
電話：小林高四郎という人が書いた本で一番新しいものは何かわかるか、と中年の女性。

　これは、端末で"IPDB、出版DB"を検索するにかぎると、検索するデータベースを切りかえて"全館"で検索してみると6件出てくる。一番新しいのは、1986年8月の『漁書のすさび　古本随筆』（西田書店）。これだと紹介すると、専門は歴史なので、歴史のほうではどうだろうか、と聞く。そこで、もう一度画面をのぞきこんで『東西文化交流史　シルクロードを中心として』増補版（西田書店1984年9月）を紹介すると、やっぱりそうですかねぇ、と電話のむこうでため息を付く。それより新しいのはわからないか、というので、『新刊図書目録』（東京出版販売）の6ヵ月分を「著者名」で探してみるが、出てこない。仕方がないので、事情を説明して、ニッパンブックサロンに聞いてもらうことにして、終わりにする。

　余談になるが、ニッパンブックサロンは日本出版販売株式会社が駿河台の本社に設置しているもので、書店のために作ったもの。最新1ヵ月に出版された本を展示している。また、コンピュータで出版情報を検索できるし、電話での問い合わせにも答えてくれる。

　再びカウンターに出る。人がいない時は、1日2回カウンターに出ることになる。今日は5ポイントで、電話3回、カウンター2回。
カウンター③：人間工学について調べたいが、概説書はないか、と女子大生。

　NDCコード5018を教えて、場所は自然科学室なので、そこに行って、5018の本が並んでいる書架を探すように案内する。
カウンター④：シルクロードが日本に及ぼした影響について書いた本はないか、と中年の女性。

　とりあえずカウンターに座ってもらい、端末で"シルクロード"と"日本"をかけ合わせて検索してみると、6件出てくる。通覧画

面を見せると、そのうち3件を見たいというので、所蔵詳細画面を呼び出して、請求記号をメモしてもらい、開架、閉架の区別を確認してもらう。それから、資料の利用の仕方を案内する。

カウンター⑤：すぐに、50歳前後の世なれた男性がヨーロッパの皇室・王室についての文献はないか、英国以外の国のがほしいのだが……、と声をかけてくる。端末とカードを調べてみるが、気に入るものが出てこない。すると、後ろから女子大生が、明治以降の国語、日本語の問題について書かれた本はないか、と声をかけてきたので、ちょっとお待ちくださいといって、皇室について調査を続ける。『大宅壮一文庫雑誌記事索引総目録』件名編を見ているかと聞くと、まだだというので、索引から、該当のページを広げて見せると、これはよいとメモをとりはじめる。メモのとり方も手なれたもの、いかにも物書き風。

そこまでやって、さてと後ろで待っている2人連れの女子大生に、お待たせしました。で……、と声をかけると、開架を見たけれどもなかったんです、という。本当かなと思いつつ、書庫に行って8102の書架を見ると5、6冊ある。それを抱えてもどってきてみせると「わぁ、うれしい」と喜んで調べはじめる。

皇室の男性は、メモをとり終わっていて、もどってくるのを待っていた。ここに出ている雑誌は全部こちらで持っているかしら、というので、ちょっと失礼します、とメモを見せてもらう。『微笑』などはないが、ほかのはあるかもしれないので、新聞雑誌室へ行って、カードで確認するようにと、案内する。

しばらくして、またさっきの女子大生がきて、あのぅ、レポートの書き方について教えてください、というので、また、書架から本をとってきて、見せながら、手短にアドバイスする。

カウンター⑥：高橋実の本はあるか、という中年の男性。電話で聞いたらあるというのできた、という。

ほかの利用者と話をしていたので、それならあるはずですから、書名・著者名カードでお調べくださいといって、カードで自分で調べてもらう。しばらくして、イライラしたようすで、調べたがなかった、電話であるといったじゃないか、とつっかかってくる。少しお待ちくださいといって、著者名カードで調べてみると１冊ある。これですかとカードを見せると、そうだという。資料請求の仕方を案内して、自然科学室で……とまでいい終わらないうちに、プイと行ってしまう。

　電話でのこちらのいい方が悪かったのか、当人の調べ方が悪かったのか……、図書館のシステムが悪いのか、わからないが、怒っておいて、こちらが調べて出てきても、アリガトウのひとこともいわずに行ってしまう人は結構いる。別にアリガトウをいってもらいたいわけでもないが、もう少しアイソというものが……とやや気分を害していると、女子大生がメモを持ってきて、この本を調べたが、なかったという。

　メモを見せてもらって、よくよく見ると……、図書ではないようなので、どこからメモしたかと尋ねると、あの冊子だと国立国会図書館の『雑誌記事索引』を指差す。あれは、ここの図書館の所蔵リストですよねぇ、というので、いやあれは国立国会図書館が作成した雑誌の記事索引で、図書ではないから、図書のカードを調べても出てこないんです……と説明する。なぁんだそうか、そうだったのか、とうなずきながら聞いている。メモには雑誌名と巻号、ページ数が書いてないので、それらを確認してから新聞雑誌室へ行って、雑誌を当館が所蔵しているかどうか確認し、あれば、必要な巻号の部分を持っているか確認し、それからカウンターに請求してくださいと、もう一度『雑誌記事索引』のところに調べに行ってもらう。
●この日の質問件数、カウンター105件、電話143件。

1月16日（月曜日）　晴れ

　今日は15日の休日の振りかえ休日だが、当館は開館。10時5分には満席。以後、ずっと入り口に列ができて長くなるばかりで、公園のほうまでのびていく。

カウンター①：「ダイニホン　ソゼイシ」がないようだが、と男子大生。

　書名カードで調べてみるとある。"日本"を"ニホン"と思って調べてみたが、当館では"ニッポン"と読んで配列していたので、わからなかったのだ。

カウンター②：オンラインデータベースから打ち出した新聞記事を持ってきて、ここに書いてある「62年度下半期に設立された会社の女社長の％は10％くらい」ということについてだが、これが毎年出ているそうだが、そういうデータはここにはないか？

　これはさっぱりわからない。とりあえず、社会科学室へ行ってカウンターで相談してもらうよう案内する。

カウンター③：「初心忘るべからず」の出所はわからないか、世阿弥だというが、中国の故事にちなんでいるように思うので調べてくれないか。

　これもいくつか調べたがやっぱり世阿弥しか出てこない。

　カウンターに座っていると、利用者が男子トイレに落ちていたとカバーだけになった本を持ってくる。カバーはラベルなどはがしてあって、そのうえ、背文字まで削ってわからなくして持ち出そうとしたけれども、やっぱりバレたらヤバイと思って中だけ切りとって持って行ったのか。4階の本だった。

　以前、紙やすりで本のカバーから何から何まで削ってまっ白にして持ち出そうとして、入り口でつかまった女子大生がいたが、この時期、こうした不届きな利用者が出てくる。これが学生だけでなく、会社員や公務員にもある。

●この日の質問件数、カウンター75件。10時から1日満席。

1月18日（水曜日）　晴れ

電話①：女子大生から、「くれなずむ女」という本を探しているのだが、以前そちらに行ったら区立図書館へ貸し出し中だということで見ることができなかった、もう返ってきているだろうか、と問い合わせ。

　調べてみたがまだ返ってこない。それを伝えると、どこに貸したのかというので、それはお教えできないと断ると、ぜひ教えてほしい、そこの図書館に行って、返ってきたらすぐに見せてもらうのだとねばる。が、こちらも、お教えできないとつっぱねる。教科書なので、どうしても一刻も早く見たいのだとねばりにねばるのだが、申し訳ありませんがを連発して、こちらもねばる。

　どうして教えてくれないのか、と聞くので、利用者のプライバシーに関することなので、お教えできないと説明する。人によっては、誰が借りたのか、その住所を教えろという。それこそプライバシーの侵害となる。そんなことはしないというかもしれないが、そこの図書館に行って、カウンターで借りている人の氏名と住所を教えろといったことが、過去にあったとも聞く。いずれにせよ、利用者のプライバシーにかかわることである。押問答を繰りかえして、ついにあきらめていただく。

電話②：昨年11月改正された訪問販売法の内容について知りたい、という男性。

　法律そのものか、解説か、評論か、どれをお知りになりたいのかと聞くと、評論だというので、新聞雑誌室へ駆けて行って、『ジュリスト』と『法律時報』の表紙をザーッと見る。

　『ジュリスト』1988年7月15日号　訪問販売法の改正について、『法律時報』1988年7月号　特集：消費者問題と消費者法の課題、がある。2冊を紹介する。成立は1988年5月だった。

電話③：オリモトカオルの「バラ、キネン」という作品はわからな

いか、と男性。

著者名カードを見るが、出てこない。"クリモトカオル"ではないかと気をまわして調べてみるが、わからない。もう一度電話口にもどって、聞いてみると、"モリモトカオル"だというので、調べ直す。著作集があって、第3巻にラジオドラマとして入っている。

電話④：お年寄りから、72歳で電話でなんとか教えてくれないかというので、いいですよ、なんでしょうと答えると、池上本門寺におまいりした時の話にはじまって、お寺の人がいろいろと説明してくれて、大変わかりやすくてよかったので感激したという話になって、それからやっと本題に入り「日蓮上人がなくなった時、池上本門寺はすでにあったのか」を調べてほしい、となった。『日本人名大事典』で"日蓮"の項を見る。死んだ場所は「池上……の邸」とある。どうも寺はなかったらしいのだが、そこのところをもっと詳しく知りたいというので、人文科学室へまわすか、東京室へまわすか迷って、東京室へまわした。

●この日の質問件数、カウンター87件、電話186件。午後3時半満席。

1月21日（土曜日）　　晴れ

電話①："Nature"を所蔵しているか？　若い女性、仕事らしい。

ロンドンで発行されているものならある。今年の1月分を見たいがもう入っているか？　それでは現物を確認してきますのでちょっとお待ちください、といって、新聞雑誌室へ走って行く。1月分は、5日、12日、19日しかない。そう答えると、12日を見たいのですぐ行きます。

電話②："性度"について書いた本が見たい、性差になるとちょっとちがうんだが……。

端末にむかって、(1)"性度"、(2)"男らしさ"、(3)"女らしさ"と順番に検索する。結果は、

(1)

1 『性度は動く　セックスと文化はヤル』高取英著

(2)

1 『「男らしさ」の神話』佐藤忠男著　東経選書
2 『ユリシーズ・シンドローム　"男らしさ"のジレンマ』
3 『男らしさのジレンマ　性別役割の変化にとまどう大学生
4 『この見事な人たち　男らしさを求めて』青木雨彦著
5 『男らしさ・女らしさからみた職業・結婚・人間関係』村
6 『性と性別　男らしさと女らしさの発達について』ロバー
7 『男らしさのジレンマ　性別役割の変化にとまどう大学生

(3)

1 『女らしさ物語　美しく生きる45章』鈴木健二著
2 『女らしさの病い　臨床精神医学と女性論』斎藤学、波田
3 『男らしさ・女らしさからみた職業・結婚・人間関係』村
4 『性と性別　男らしさと女らしさの発達について』ロバー
5 『崩壊する女らしさの神話』原真佐子等著
6 『女らしさへの旅立ち　女性の気くばり全書』山口半夢著

　通覧画面のハードコピーを打ち出して、こんなものがありますと紹介する。通覧画面には、出版社などは出てこない。その中で心理学に分類されているものがありますか？　というので、また、検索をやり直して、ひとつひとつ書誌詳細画面を呼び出して、書誌分類、つまりNDCの分類コードを確認して、答える。

　こうなると、えらく手間がかかる。通覧画面という文献名と著者名が一覧できるところで、請求記号もわかるようになっているとよかったのだが、そうはなっていない。ひとつひとつカーソルを文献名に合わせて、入力キーを押して、"A1"の「書誌詳細画面のキー」を押さなくてはならない。終わると、"C1"の通覧画面を押して、「通覧画面のキー」にもどって、またカーソルを文献名に合わ

せて、入力キーを押して、"A1"の「書誌詳細画面のキー」を押すという動作を繰りかえさなくてはならない。次第に、イライラしてくる。（これは数年後に改善された。）

では、性差心理学という本はあるか？　と続けて質問。また、端末にむかって"性差心理学"で検索。ある。『性差心理学』間宮武著（金子書房　1977年）。

電話③：去年の12月30日、別府市で火事があったはずだが、その時焼死した人がいたはずだ。誰だったかわからないか？　毎日、朝日、読売は見たが、出てなかった。そちらで地方新聞を持っていると聞いたが、大分県の新聞はないか？　あるのだったら調べてくれないか？　という中年の女性。

いやぁ、そこまではやってないのですが、今回かぎりということでお調べしましょう、と新聞雑誌室へ走って行く。『大分合同新聞』12月31日をめくってみる。15面に出ている。新聞の綴りを持ち上げて、受話器のところに帰ってくる。お待たせしました、といってから、息を整えて、新聞記事の表題を読み上げると、概要と死亡した人の名前を教えてほしいというので、前文のところを読み上げて、死亡した3人の名前を読む。

カウンター：「水の伝説」という本を差し出して、こういう本で動物の十二支を書いたものがあるはずだ、動物それぞれの伝説がわからないか？　と若い男性。

少し調べたがわからない。『邦語文献を対象とする参考調査便覧』の"主題語"に"動植物―民俗"があるので、本文341ページを見ると『日本人の動物観―変身譚の歴史』中里禎里著（海鳴社1984年）が挙げられているので、これを手がかりに調べてもらおうと所蔵を調べると所蔵しているので、紹介する。

請求番号を控えて2階の書架へ行って探してください、というと、キョトンとして立っている。もう一度ゆっくりと繰りかえすと、書

架ってなんですか？　と聞く。本棚のことです、と答えると、なるほどという顔をしてうなずく。控えてってなんですか？　と聞くので、メモをとってください。請求記号って何ですか？　ここの図書館の図書を整理した時に付けた番号です、と答えると、やっとにっこり笑ってありがとうございますと頭を下げて、ノートに請求記号を写しとって、2階へ行った。

電話④：「ニューシルバー」というコトバがある。どうもマーケティング関係のコトバのように思うのだが、これについて書かれた本はないだろうか？　と中年の男性。

　端末で"ニューシルバー"と入力してみると、0件。仕方がないので"シルバー"ではどうだろうかとやってみると、28件となった。通覧画面をずっと追っていくと『シルバー―新人類を狙え―110兆円マーケットを制するカギ』というのがあるので、詳細画面で出版社などを確認する。「博報堂シルバーマーケット研究会　日本経済新聞社　1988年9月」これを紹介する。では、さっそく、日本経済新聞社に聞いてみますといって電話が切れる。

電話⑤：Colledge, Malcolm A.R. の"The art of Palmyra"という本がいつ発行されたかわからないか？　という中年の男性。

　洋書のカードを調べたが、ない。"Books in Print"1987-1988を調べると、同じ著者の本が一冊あるが、違う。"American Book Publishing Record Cumulative 1950-1977"の Author index を見ると "Colledge, Malcolm A.R. 709.35：709.394：935.06"とある。これを手がかりに探してみると、"The art of Palmyra：Thames and Hudson, 1976, 320p：ill, maps, plans：25cm."とある。したがって、1976年。

●この日の質問件数、カウンター69件、電話116件。

1月23日（月曜日）　雨

　遅番。

5時からカウンター。ひきも切らず利用者がやってくる。最初の男の人は、何やかやで20分くらいカウンターに座って行く。
カウンター：コーヒーに関する本を調べているという中年の女性。
　端末で"コーヒー"と検索して、通覧画面に表示すると、順次詳細表示を見たいというので1件ずつ詳細表示を出す方法を教えて、自分で操作してもらう。メモをとって4階に行く。
　その間にも他の利用者が声をかけてくる。順次処理をする。よくわからないものも中にはある。館内は相変わらずやかましい。
●この日の質問件数、カウンター41件。

1月24日（火曜日）　晴れ

　ここのところ学生も多いが、負けず劣らず社会人も多い。
電話①：日本材料学会の「材料」という雑誌はないか？　1983か84年頃のものが見たいのだが、という中年の男性。
　この雑誌は所蔵していない。申し訳ありませんが、所蔵しておりませんと答えると、ほかにどこか所蔵しているところはないだろうか？　区市町村立図書館では所蔵していないようなので、国立国会図書館の所蔵を調べる。国立国会図書館は所蔵している。大体こういう時は国立国会図書館が最後の頼りとなってしまう。社会人に対しては大学図書館というわけにはいかないから、どうしても国立国会図書館となってしまう。社会人も大学図書館を利用できるようになるといいのだが。
電話②：陽明文庫の連絡先はわからないか？　これは老人。
　『全国特殊コレクション要覧』では、住所しかわからない。『全国図書館案内』下　全国書誌懇話会編　増補新版（三一書房　1986年）には電話まで出ている。これを紹介する。ひどく遠くから電話しているようで、シャワシャワという雑音が入る。
電話③：「バィオフィードバック」に関する本はあるか？　中年の男性。

書名目録で、書名の最初に"バィオフィードバック"とあるものを調べると、5冊出てくる。端末で調べると9冊ある。副書名に"バィオフィードバック"が入っているものが何冊かある。コンピュータはこれを検索してきたわけだ。これは、コンピュータでないとできないものだ。

電話④：プライバシーについてわかりやすく書いた本はないか？ 中年の女性から。

　「わかりやすく」というのがむずかしい。端末などで調べて、『現代のプライバシー』堀部政男著（岩波書店　1980年（岩波新書））など数冊紹介する。岩波新書がわかりやすいとはかぎらないのだけれど、やっぱりなんとなく岩波新書というところが不思議だ。

●この日の質問件数、カウンター86件、電話210件。午後3時20分から5時すぎまで満席。この時期は、学校が終わってから駆け付ける学生が多いためか、午後2時から3時頃にかけて満席になることが多い。

1月25日（水曜日）　晴れ

　今日は国立国会図書館が休み。国立国会図書館を利用している人が、当館にきているのかコピーが多い。昼頃から列ができはじめる。当館のコピーも多いが、国立国会図書館も多いのだなぁと思いながらながめている。

電話①：ヒガシイツコの「ツムギウタ」という本はないか？　中年の女性。

　いろいろ聞いたがわからなかったという。国立国会図書館には、と聞くと、もう聞いたという。それではと、カードで書名、著者名を調べるがわからない。ウームと唸って、これは書名が違うか、著者が違うか、ともかく書名で調べてみようと、端末にむかって、書名中キーワードで"ツムギウタ"と入力して検索してみる。出てく

る。『終りのない紡ぎ唄　ギリシャ神話の女たち』東逸子著（中央公論社　1984年）、これでしょうか？　と聞くと、それです、それです、よくわかりましたねぇと大変喜ぶ。

電話②：「ゼンリンの住宅地図」はないか？　という質問が3件。

　国立国会図書館が休みの日は、この質問が多い。国立国会図書館では、「ゼンリンの住宅地図」は、必要なところだけをコピーしてサッサと帰ってしまうという業者風の男性が多いと聞いたことがあるが……。ゼンリンでも、地図帳から1枚でもコピーしてサービスしているわけだから（もちろん有料だが）、何も国立国会図書館や当館にきてコピーしなくてもと思うのだが、やはり安いからだろうか。図書館のコピーは高いと苦情をいう人が時たまいるが、いろいろ考えると安いのだ。ちなみに、「ゼンリンの住宅地図」は、当館では東京都とその隣接の市しか所蔵していない。

電話③：「サンケイスポーツ新聞」はないか？　と若い女性。

　所蔵していない。スポーツ紙であるのは、『報知新聞』『スポーツニッポン』『日刊スポーツ』の3紙だけ。当館の雑誌新聞の目録の『報知新聞』が記載されているところに、3紙の紙名が書いてある。よく聞かれるのである。それを見ながら答える。「サンケイスポーツ」を、何年間かをズーッと見たいんですけど、どこか所蔵しているところはありませんかねぇ？　国立国会図書館しかないでしょう。今日はお休みなのですが。仕方ありませんねぇ。

電話④：「わが青春の旧制高校」はないか？　老人の声。

　書名カードを"わが青春の……"で調べるがわからないので、端末で"ワガセイシュン"で検索してみると、『わが青春　旧制高校』が出てくる。これですか、と聞くと、そうです、そうです。「の」がなかったんですねぇ。

電話⑤：「死語」について、昔こういっていたが、今はこういっているという違いがわかる本はないか？　若い女性の声。会社からか

けているのか、むこうのほうで電話が鳴ったり、話し声が聞こえる。

　「死語」と「昔こういっていたが、今はこういっている……」とは、だいぶ違うような気がするが、どちらが本当に知りたいことなのか？　と聞くと、後者のほうだというので、語彙の歴史の書架から何冊か紹介する。
●この日の質問件数、カウンター98件、電話181件。

1月26日（木曜日）　くもり時々雨
電話①：「サイミンヨウジュツ」という本はないか？　という中年の男性。
　"サイミン……"で書名カードを調べたり、端末で検索してみても出てこない。たしか"斉民要術"と書くはずだから、ことによると"セイミンヨウジュツ"と読んでいるのではないか、と思い付き、端末で検索してみると、出てくる。
電話②：建部綾足（タテベアヤタリ）全集の第1巻と4巻はないか？　国書刊行会の出版のものだが？　と女子大生。
　書名カードで調べてみると出てくる。メモをとって帰ってきて、所蔵していますと答えると、それに「折々草」が入っていないか、と聞くので、また、書名カードのところにとってかえし、「内容細目」を調べてみるがない。ほかにも整理されている巻があるのか調べてみるがない。著者名カードでほかにないか調べてみると、『日本随筆大成』第2期　21（吉川弘文館　1974年）に入っていることがわかり、これを紹介する。（あとでわかったことだが、「折々草」は1987年2月に出た全集第6巻に入っていた。この時期、まだ第6巻は整理されていなかった。）
●この日の質問件数、カウンター72件、電話173件。

1月27日（金曜日）　晴れ

電話：本四架橋の写真集はないか？　と中年の男性。

　端末にむかって"本四架橋"で検索していると、後ろから誰かが、"瀬戸大橋"でも探さなくっちゃ！　と叫ぶ。"瀬戸大橋""本州四国"でも探す。写真集はうまく出てこない。ドキュメントなどがある。そのように答えると、ドキュメントを教えてほしいというので、書誌詳細画面を打ち出して読み上げる。

●この日の質問件数、カウンター68件、電話109件。

1月28日（土曜日）　晴れ

　朝から電話とカウンター。午後は休みをとって、日本図書館学会の研究例会と研究委員会出席のため東京大学へ行く。

　10時すぎ、カウンターで、新聞雑誌室の午前閉室の件で利用者から苦情。Dさんが対応しているが、かなり執拗にいわれているらしい。こちらは電話の質問を調べていてよくわからなかった。

電話：「チベットまんだら」講談社刊はないか？　と若い女性。

　電話のむこうは事務室らしい。端末で"チベット"と検索すると『西蔵曼陀羅集成―チベット・マンダラ』（講談社　1982年）が出てくる。これでしょうかと聞くと、それです。これは書名カードでは出てこない、さすがはコンピュータ。

カウンター①：藤村の「初恋」について書かれた本、雑誌論文を探しているが、どうやって探したらよいか、と女子大生がくる。

　もう何かお探しになりましたか、と聞くと、まだですという。それでは、当館での探し方はいくつか入り口がありまして、とその入り口を手短に紹介する。まず、個人書誌、つまり藤村に関する文献目録を探して、その中に関連のある文献がないか探す。次に、国文学関係の文献目録で探す。三つめは、書名・著者名カードであたりを付けて探す、また、文学関係の人名から探せる「人物に関する

年譜・著作目録・参考文献」のカードが３階の人文科学室にあるので、そこで調べて図書や参考文献にあたって探す。あとは、『雑誌記事索引』の累積版の件名索引で島崎藤村から、また、作品論の"初恋"から探す。

　さて、この中のどれを選ぶかはあなたの自由だが、どれになさいますか、と尋ねると、『雑誌記事索引』から調べたいというので、『雑誌記事索引』の累積版のある書架へ案内して、件名索引からの調べ方を紹介しつつ、藤村の作品論のところを開いて、こういうことになります、というと、しばらく見てから、これとこれを見たいが、どうしたらいいのかというので、今度は新聞雑誌室へ行って雑誌のタイトルを調べるようにいう。しばらく聞こうか聞くまいかためらってから、これはどう見たらいいのか、と記事を指差して聞く。これが論文名、これが著者名、雑誌名はこれ、ページの表示はこれと説明すると、やっと納得したように、うれしそうに笑う。うれしそうな笑い顔を見ていると、説明してよかったと思う。

カウンター②：Ｔ大学（国立大学）の学生だと名乗ってカウンターにきて、バージニア・ウルフの本をコンピュータで探してくれという。ほかの人の質問を調べていたので、どうぞご自分でおやりくださいとキーボードを差し出してやってもらう。すると、しばらくして不満そうに、１冊もない、ウチの大学だとすぐにザァーと出てくるのに、１冊もないのか、とひどく横柄な態度。こちらもムッとしたし、忙しかったので、どうやって調べたのかなどフォローせずに、コンピュータに全部データが入っているわけでもないので、あそこの著者名カードでお調べくださいと、カードを調べてもらう。すると、また、しばらくしてやってきて、また、１冊もない、とイライラしていう。

　一緒にカードのところに行って、どうやって調べたのか聞くと、バージニアで調べたという。それでは１冊も出ません、ウルフから

調べないと……、といって調べると何冊かある。ところで、何を調べているのかと聞くと「キュウ植物園」だという。それではちょっとお待ちくださいといって、事務室から『明治・大正・昭和翻訳文学目録』を持ってきて調べてみると、出ている。これですねぇと示すと、あぁありますか、どうも……、と今度は丁寧な口調になって、どこが持っているか教えてください。調べ方を案内する。

●この日の質問件数、カウンター68件、電話109件。満席午後2時半から4時。

1月29日（日曜日）　晴れ

朝一番にどっと入ってきて、9時50分には満席。開館後わずか20分で満席。

カウンター：雑誌、文芸誌に連載されている作品を調べたいのですが？　というOL。

『文芸年鑑』日本文芸家協会編（新潮社　年刊）の各年の「資料雑誌新聞掲載作品目録」の項を案内する。

それから息継ぐひまもなく、次々とやってくる。カウンターの前にいつも何人かがたたずんでいる状態。はじめて利用する人も何人かいる。1時間の間に、調べ方がわからない、3人。電話で、あると聞いてきてみたが、どうしていいかわからない、1人。資料の請求はどうしたらよいか、5人、という具合。そのうちのひとりは中国語が上手な人で留学生か、請求記号の書き方を説明してもわからないので、カウンターに座ってもらい、もう一度丁寧に図を書きながら説明し直すと、なんとかわかったらしい。

電話①：ドイツ語の本の問い合わせ4件、綴りを長い時間かかって確認する。1時間、時間をもらって調べる。

（1）Koch, P. "Pionere des Vercicherugs-gedankens" 1968.

（2）Finke, Eberhant. ed. "Mandwörterbuch der Versicherungswesens"

1958.

(3) Schmidt, R. "Versicherungs Alphabet" 1955, 1976.

(4) Manes, A. "Versicherungswesen" 1930.

（3）は、5分冊だという。国立国会図書館の『新収洋書総合目録』で、ありそうなところを片っ端から調べていくと、（1）は慶應大学、（2）は名古屋大学に所蔵されていることがわかる。（3）、（4）はわからない。これはあきらめるかなと思ったが念のため、『国立国会図書館蔵書目録　洋書編』昭和23〜33年（国立国会図書館　1963-65年）を調べてみると、（4）がある。まぁ、これくらいで我慢してもらおうとひとり納得して、おしまいにする。

12時すぎに電話がかかってきて、3つわかったことを伝えると、大変喜んでくれる。

電話②：1番を代田さんから引き継ぐ。「百年後の日本はどうなるのか」という特集が「日本及日本人」で大正の頃あったはずだがわからないか、という質問。

こういうのは『大宅壮一文庫雑誌記事索引総目録』件名編で「未来論」の項目を調べるにかぎる。大正9年の春季臨時増刊号にある。新聞雑誌室の書庫に行って現物を見て、借りてくる。ここまでは代田さんがやっていて、あとは電話がくるのを待つばかり。

電話③：「スイングジャーナル」1986年の臨時増刊で「ジャズジャイアンツ……何とか」というものがあるはずだが、所蔵しているか、と中年の男性。

雑誌目録で調べると、その頃の『スイングジャーナル』は所蔵していることになっているが、臨時増刊号を所蔵しているかはわからない。その旨伝えて、現物を地下の書庫に行って確認してきますので少しお待ちください、といってから、地下へ走って行く。書庫であることを確かめてから駆け上がってくる。さすがに息が切れる。呼吸を整えてから、お待たせしました、所蔵しております、と答え

ると、とたんに声が変わって丁寧な言い方になる。館外へ貸してもらえるかというので、雑誌は館内でご覧いただくだけですとお断りする。

電話④：「カイヨウセイノハッケン」という本はありますか、という若い女性。

　端末と書名カードを調べるがわからない。"カイヨウセイ"というのがどうも気にかかる。聞き違いかと思って、また、それとなく聞いてみると、やっぱり！　"海王星"だという。端末で検索をやり直すと、すぐにわかった。

　『海王星の発見』M. グロッサー著　高田紀代志訳（恒星社厚生閣　1985年4月 ;The discovery of Neptune. の翻訳）

電話⑤：スペイン語の辞典はないか。

　「言語辞典解題」のカードボックスを抱えてきて、その中から紹介する。

電話⑥：志茂田景樹の「天空のツメ」という本を所蔵していないか、という中年の男性。仕事らしい。電話をかけている声がむこうから聞こえる。

　カードと端末で著者名から調べてみるが、わからない。どんな本だろうと『日本書籍総目録』で調べてみると、1982年、講談社ノベルズの1冊として出ていることがわかる。所蔵していないと答えると、こういう本はあまり買わないのか、と聞くので「えぇ、まぁ……」と答える。この辺はむずかしい。買っていないわけでもないし、内容によって選んでいるのだろうから、この本はなぜ買わないのか、と聞かれると、ちょっと即答しかねる。

電話⑦：石油ショックが起こった年はいつでしたかねぇ、という中年の女性。

『現代用語の基礎知識』（自由国民社　年刊）で、石油インフレの項を見て、昭和48年10月であること、これを『近代日本総合年表』第2版で確認して、昭和48年10月と答える。『現代用語の基礎知識』は、こういう時事的なことで過去のことでもわかる。

　電話⑧：人から高橋お伝の芝居絵をそちらで所蔵していると聞いたが、本当にあるか、と中年の男性。

　これは特別文庫の東京誌料の中にある芝居絵に間違いないだろう、すぐに特別文庫にまわそうと思ったが、以前から、すぐにまわさないように、よく調べてわからなかったらまわすようにしてといわれているので、とりあえずがんばろうと、東京誌料の分類目録をのぞいてみるが、芝居絵のところは芝居が上演された座別に並べてあるので、いつどこの座で上演されたかわからないと、調べようがない。

　そこで、近くにいたTさんに、芝居絵の項を最初から見てくれるようにお願いして、私は『総合日本戯曲事典』河竹繁俊編（平凡社　1971年）で高橋お伝がいつ上演されたか調べることにする。巻末にモデルとなった人物の索引があるので、そこで調べると出ていて、本文を見ると「明治12年（1879）新富座で上演された」とある。これを手がかりに調べてみると、『東京誌料分類目録』（東京都立日比谷図書館　1959-63年　3冊）に、森田座（新富座）明治12年のところ「［綴合於伝仮名書］」の項「玉橋おでん（尾上菊五郎）豊原国周画　明治12年5月」とある。これを紹介。

●この日の質問件数、カウンター80件、電話68件。9時50分から1日満席。

1月31日（火曜日）　晴れ

　朝から電話。

電話①：「今昔物語」について調べたい、明日試験があるので手早く知りたいが、という大学生。

こんなことまで調べるのかねぇ、と思いながら、少しお待ちくださいと、書名カードを調べに行くが、途中で明日の試験のためなのに本を読んでいられるか！　と思い直して、簡単に知りたいのなら『日本古典文学大事典』がよいと、事務用の書架から持ってきて、簡単に知りたいのならこれがよろしいでしょうと紹介する。"今昔物語"の項は、4ページにわたって成立から評価まで詳細に書いてある。午後行くつもりだというので、満席のおそれがあるので、早くいらっしゃるようにと案内する。

電話②：「人生の四季」という本はあるか、と中年の男性。

　調べて、所蔵しておりますと答えるやいなや、それでは今から行きます、ガチャーン！　ちょっとお待ちくださいと追いかけたがもう遅い。協力貸し出し中や、製本中もあるので、すぐいらっしゃるのであれば、現物がいま書架にあるかどうか確認しなくては……、といって、調べなくてはならないのだが、実際、来館して、調べてみたらなかった、さぁどうしてくれるという人がいるのだ。こういう場合、大体主題室のカウンターでさぁどうしてくれる、とやるので、あとで、相談係は何をしているのだと、お叱りをこうむることになる。

電話③：相談係はどういうことを調べてくれるのか？　と中年の男性。何でも調べてくれるのか、本には何でも調べてくれると書いてあったが……。

　本に書いてあることでお答えします、本に書いてあることなら、お調べしますが。それでは、と本題に入る。銀婚式などの式がいろいろあるが、その時、手紙に「記念日おめでとう」と書いていいものかどうか、わからないか。手紙の書き方の本を何冊か抱えてきて、それを見ながら答える。

●この日の質問件数、カウンター101件、電話177件。

日記はこれで終わりである。今日も、相談係の電話は鳴り続け、カウンターの前には利用者が列をなしていることだろう。
　すでに、当時担当していた図書館司書は、別の係りで仕事をしている。新しい司書が、相談を受けている。私も、この後1年ほどで、この係りから去った。人はかわっても同じように相談を受けて、答えている。図書館司書という専門職であるから、こうしたことができるのである。
　図書館は、コンピュータが入り、組織の改編も行われ、新しい時代に合わせて姿を変えつつある。仕事の内容も質的に向上しつつある。図書館の21世紀は、図書館で働く人、図書館司書という専門職に負っていると私は考えている。レファレンスサービスも同様である。都立中央図書館のレファレンスサービスは、図書館の、そして社会の第一線で輝き続けるだろう。

文献・情報の調べ方

▲常日頃から情報感覚を磨いておくことが必要だ

　文献・情報を調べるのはむつかしい。

　必要としているものは、この世界に存在し、流通し、あふれているものからみれば、ほんのわずかなものでしかない。

　そのほんのわずかなものが、個人の、あるいは企業の命運を決めるかもしれない。

　知らなければそのままだが、知ったことによって、知らないでいるよりずっとよい状態へと到達することができる。もちろん、そこには情報を生かそうという意志が、生かせる行動力がなければならない。

　はたしてそうした価値ある情報は、すぐに手に入るものなのだろうか？　情報に常日頃から関心を持って、情報を入手する努力を重ねておくことが必要なのではないか？

　たしかにその通りである。

　価値ある情報は、常日頃から、情報に対する感覚を磨いている人が、より高い確率で手に入れることができる。

　ここでは、文献・情報の入手の方法について、簡単に見取り図、つまりどうすれば効率よく情報を手に入れることができるかについて、述べてみたい。

▼情報を入手する目的をはっきりさせる

　文献・情報を手に入れようとしたら、その目的をはっきりさせ、必要としている情報の範囲を明確にすることが、まず求められる。

　何を、何のために手に入れたいのか？　どういう情報を、どの程

度に手に入れたいのか？　どの程度というのは、つまり新しいものか、それほど新しくなくてもいいのか、図書でか、雑誌記事か、映像でか、オンライン・データ・ベースでかである。

　情報は、①紙に印刷された文献から、②写真、ビデオなどの映像から、③CD-ROMやオンライン・データ・ベースなどの電子メディアから、④人や組織から直接、と大きく分けると4つの入手のルートがある。

　たとえば、営業マンの場合、必要とするほとんどは人からの情報によるだろう。総務・企画部門の人は、仕事によっては、オンライン・データ・ベースや紙に印刷された文献によるかもしれない。

　そこには、個々の入手した情報を、自分や自分が属する組織にとって生きた情報へと変換する技術が必要となることはいうまでもない。つまり、カード化して、分類し検索を容易にするとか、カードデータベースのソフトを利用していつでも使えるようにしておくとかの技術である。

　現在、①〜③の形態で市販されたり、公衆回線を通じて提供されているものは、個人や組織が共通して求めているものを提供するために作られたといっていいだろう。人物に関するオンライン・データ・ベースとか、人名事典や紳士録が、それである。

★文献・情報を調べる原則

　文献・情報を調べる一般的な原則は、①情報が広い範囲に凝縮されているものから調べはじめ、個々の分野に限定して情報を集めたものへと進む、②身近なところから調べはじめ、情報を高度に蓄積している機関へと遡って行くというものである。

　①と②は、相反することである。が、通信技術の発展はこの矛盾をかなり解決してくれた。自宅からワープロやパソコンで、通信回線を通じて、遠方に蓄積されている情報を検索できるようになった。

また、電話で直接入手できるようになった。

　本書で紹介している図書館への相談は、後者の代表的なものである。図書館は、情報のネットワークが進みつつあるだけでなく、質問・回答のためのネットワークも進みつつある。たとえば、身近な市立図書館に電話で聞くと、その図書館でわからなければ、より大きな図書館へ問い合わせたり、国立国会図書館へ聞いてくれたりするようになった。

　①は、百科事典や大型の国語辞典、現代用語の辞典から調べはじめ、十分でなかったときは、専門分野の事典で調べるということである。それでも十分な結果が得られなかった場合はどうしたらいいのか。ここから先が問題である。

　②の図書館に聞くにしても、オンライン・データ・ベースで検索するにしても、より一般的な文献・情報の方法は知っておいた方がいい。

◆求める情報によって検索ツールは使い分ける

　求めている情報によって、調べ方法が違ってくる。新しい情報を求めているなら、やはりオンライン・データ・ベースが、分野によって、特にビジネスの分野では威力を発揮する。最近、日本でもオンライン・データ・ベースは充実してきたからだ。

　やや時間が経過した情報でもよければ、CD-ROMや文献で入手すればいい。まだかなりの分野では、文献に頼らざるをえない。

　CD-ROMで最近注目されているのは、EB（電子ブック）だ。これは、普通の本を買う感覚で、ソフトを買うことができる。『現代用語の基礎知識』が、4,000円で買うことができる。そのうえ、本では想像のできないほど詳細で多様な検索ができる。ソフトがここ1年間に飛躍的に充実してきた。

　CD-ROMも魅力的だ。EB（電子ブック）より、幅の広い検索が

できる。ルーキットの会員になれば、安くいろいろなソフトを検索できる。

　これらは、オンライン・データ・ベースの一部を入力したものが少なくない。これらで検索できれば、より新しい情報をオンライン・データ・ベースで入手することもできる。たとえば、日外アソシエーツが発行して、紀伊國屋書店が発売しているEB（電子ブック）の『キーパーソン―文芸・学術・社会』は、税込で9,991円で入手できる。これは、現在活躍中の文芸・学術・社会の各分野のキーパーソン約6万6千人を収録したものだが、これで検索できる人は、より新しい情報を、自宅のワープロやパソコンから日外ASSISTにアクセスして、そのなかのメニューであるWHOを検索すれば入手できる。これは、CD-ROMのBOOKにも当てはまる。これは、本に書かれている内容まで検索できる。これを検索して出てくれば、より新しい情報を日外ASSISTのBOOKから入手できる可能性が高い。

　つまり、新しい情報はオンライン・データ・ベースで検索し、やや時間が経過した情報は紙に印刷されたり、写真など映像に定着された情報を調べるということになる。

　もちろん、こうしたことができる分野はまだ限られている。そこで、文献を調べるより一般的な方法を知っておくことが必要だ。

　それは、先の原則①にしたがって、文献目録の文献目録（「書誌の書誌」という）から調べはじめるという方法である。この方法を応用すると、ひとつの事実を調べる場合でも、百科事典や専門分野の事典でわからなかったとき、文献情報を求めて文献目録から図書、雑誌記事、新聞記事へと展開できるということになる。

　一般的な文献・情報の調べ方を知っておくと、さまざまな分野で応用できる。

　さて、最後に文献調査と事実調査の方法を図示したものを掲げて

おこう。これは、それぞれの調査の入り口を示したものである。詳しくは、『チャート式情報・文献アクセスガイド』大串夏身著（青弓社　1992年）を参照されたい。

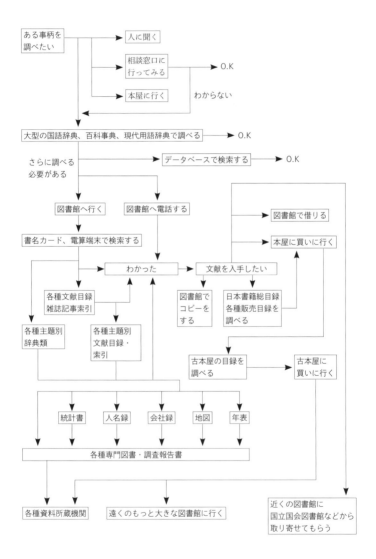

思い出に残るレファレンス相談質問事例

　東京都に勤めたのは、1973年から1992年までの20年間、その間、東京都立中央図書館、日比谷図書館に勤めたのは12年間だった。そのほとんどは東京都立中央図書館資料部参考課、つまりレファレンスサービス担当課で仕事をしていた。ここでは、「ある図書館相談係の日記」で書いた相談係（一般参考室）以外で受けた相談質問事例のうち、特に記憶に残っているものをいくつかと、1980年から85年にかけて出向していた財団法人特別区協議会調査部資料室での調査事例から紹介してみたい。

東京室での事例から

　まず、1977年から78年に勤めた資料部参考課東京室（東京関係の資料を所蔵していて、サービスを提供していた）での事例から……。
○ある日の昼過ぎ、中年の男性がカウンターに来て、自分の名前は○○×郎という名前だが、これは本名ではない。でも本名は分からない。今の名前は、新宿の高架下で刈り込みを受けたときに、面接した人が、名前は？　というので、仲間内で「×郎」と呼ばれていたので「×郎です」と答えると、「名字は？」「分からない」「名字はないのか」「記憶にない」すると、名字がないと書類の書きようもないと言って、暫く考えてから「○○」という名字にして、君はこれから「○○×郎」という名前にしよう、と言われて、それから「○○×郎」と名乗っている。あとで気が付いたのだが、当時、大きな事件があったので、それを名字にしたらしい。両親とは空襲の

時に別れたきり離れ離れで、その後の両親のことは分からない。両親のことを知りたい、本当の名前を知りたい、と思ってずっと調べている。娘はもうよした方がいいというのだが、自分としてはどうしても知りたい。

　ご両親とはどんなところに住んでいたのか分かりますか、と聞くと、「分からない」、こんなところに住んでいた記憶があると言って、メモ用紙に簡単な図を書いて、こんなところだという。桶屋が隣にあり浴場が道路を隔てた向かいにあった、その道を出たところに都電が走る広い道があり、その道を左に折れてしばらく歩くと、鉄道の高架があり、その下を通り抜けた先に都電の折り返し所があった、と説明する。

　そこで、戦前の地図を出して、鉄道の高架をくぐり抜けたところに都電の折り返し所があるところを探してみると、3カ所あることが分かった。戦前の地図と言っても、空襲があった昭和20年に一番近い地図は昭和17年のもので、すでに防諜のためか空白になっているところが多くある地図だった。現状がどうなっているかと「ゼンリン住宅地図」（ゼンリン発行、区市町村別に冊子体になっている）で確かめてみた。今は都電はなくなっているが、形状はそれ程変わっていないことが分かった。公衆浴場が当時どこにあったか分かる公衆浴場の台帳のようなものがあるともっと確かなことが分かるのですが、台帳があるとすると、行政文書を保存している東京都公文書館でしょう、あるとは確かなことは言えませんが、東京都公文書館にお聞きになったらいかがでしょうか。戦時中とは言えなくても、昭和10年代のリストがあれば、かなり場所が特定できる可能性が高くなると思うのですが……、東京都公文書館に行って、館員に聞いてみるといい、公衆浴場の場所がわかり、メモの地図に当てはまるところがあれば、相当程度分かるのではないかとも伝えて、これと思う現地を一度訪ねてみてはいかがですかとすすめると、

「行ってみます。こんなに丁寧に教えていただけることが分かっていれば、もっと早く来るのだった」と言って帰って行った。その後も何度か調べに来ていた。

今思うと、現在、国土地理院が 1944 年末から 1945 年はじめに旧陸軍が撮影した空中写真（航空写真）をネット上に公開している。拡大すると公衆浴場の煙突も識別できる程度の詳しさはある。これをその時見ることができたら、もっと確かな案内ができただろう、残念でならない。1945 年に入ってから、米軍による空襲が日本各地の都市、工場、軍事施設などにあり、東京にも何度も大規模な空襲があり、多くの人命が失われた。家を失い、両親と生きわかれた子どもも多数あり、皆苦難の道を歩み、複雑な想いを持って生きてきたと思われる。利用者もその中のひとりと想像された。 1977、78 年というと戦後 30 年以上たった時点だ。今でも、戦争の傷跡が残っているのかと思ったものだった。

戦争がもたらしたものと言えば、次のようなものもあった。

○老人から電話がかかってきて、戦前の土地の形状が分かる地図はないかという。いつ頃かと聞いてみると、空襲の前だという。

実は今住んでいる家の隣に空き地がある、それは自分の記憶では四角い土地だった、自分の家のものだ、ところが、最近、不動産業者が空き地の隣に駐車場を作って、駐車する人からお金を取るようになった。土地の形を見ると戦前から我が家の土地だと思っていたところが斜めに組み込まれていて、自分としては納得できない。区役所に聞くと、戦前の土地台帳のようなものは空襲で焼けてないので、分からないという。それに、空襲で爆弾が投下されたところでは土地の境界を示す標識が移動している事例もあり、正確には分からない事例もあると言われた。自分としてはナットク出来ないので、戦前の土地の境界などが分かる地図があれば、それで調べてみたい

と思っている。そうした地図はないか、というものだった。

　旧15区内には、昭和6年から10年にかけて出版された各区別の地籍地図があるので、旧15区であれば、それを見ればある程度分かる。こちらには、内山模型製図社が出した区別の地籍地図があります。それ以降になると、土地の上にどのような家や建物があったか分かるものは23区をカバーするものが、火災保険会社が業務用に作った「火災保険特殊地図」（「火保図」と図書館員は呼んでいた）として残されていますので、これを見ればある程度は分かるでしょう、と紹介すると、すぐに娘をやるのでよろしくということだった。電話が切れた後、場所を聞いていなかったことに気が付いて「しまった！」と思ったが、仕方がない。これは、電話で受けたものなので、詳細を書いて、カウンターに出る室員に分かるようにしておいた。これも先の事例と同じで、旧陸軍が撮影した空中写真が公開されていれば、より正確に分かっただろう。

○東京都の産業関係の職員だと言う。東京の伝統産業、つまり今作られているもので、江戸時代から続いているものがどのくらいあるのか、調べているのだが、調べ方を教えてもらえないだろうか？という相談。

　東京は、震災、戦災を受けているので、貴重な資料が燃えてしまって、現在とのつながりがなかなかはっきりしない、口伝えの形で、当事者に伝えられているものはあり、戦後になると記録も残っているのだが、江戸時代からとなると分からない、文献という形ではっきりした裏付けがほしい。伝統工芸を指定して援助していきたいと行政では考えているのだが、という。江戸時代の産業関係の資料は、『東京市史稿』産業編に幕府や江戸町奉行が行った調査や江戸市中の案内書や史料などがあって、それを手がかりに、出所が書いてあるので、その出所に示された資料を見れば、さらに詳しいことが分

かる。江戸の市外は、幕府作成の『新編武蔵風土記稿』（蘆田伊人校訂、雄山閣、1996年、全12巻、他に索引あり）などである程度分かる。問題は、明治以降。

　明治以降では、明治末に国の工業調査が始まる。この時、調査台帳をもとにしたのか、製造業のうち、業種によっては、業者名簿が作られて、中は府県別になっているので、東京府の部分を調べると、どこで業者が製造していたかわかる。例えば、『大日本織物業者名鑑』浜中東郎編（日本織物公報社、明治40年）、『大日本金物名鑑』和田辰之助著（金物新聞社、明治41年）、『大日本菓業名鑑』菓子新報社［編］（菓子新報社、大正2年）などがあり、江戸時代のデータをもとに、調べる業種が分かったら、それらを見て、東京府の部分で製造業種、人名、屋号、住所を手がかりに調べる、江戸時代との関係があるものが、ある程度推測はできる。明治期の変化は、内国勧業博覧会の出品目録を見ると、製造品目、製造者、場所がわかり、特に優れた物は審査、講評が遺されていて、優れた作品の製作者は、東京府が作成した『東京名工鑑』東京府勧業課編（有隣堂、明治12年、乾・坤2冊本）などの人名録などが残されていて、そこにいつ頃から作っているのかの記載があるものもある。

　「内国勧業博覧会の出品目録などを含む資料は、最近、明治文献資料刊行会から『明治前期産業発達史資料』として復刻されているので、それを自然科学室でご覧になればよろしいでしょう。ただ、内国勧業博覧会は東京の上野で開催されたのは、第3回、1890(明治23)までで、それ以降は京都、大阪となって東京からの出品は減ります。明治30年代から明治末までは、「風俗画報」という雑誌が出ていて、これに東京市中の記事が多くあり、物作りの記事も多くあります。品目によっては製造過程を絵入で紹介しているものもあります。「風俗画報索引」宮尾しげを編（青蛙房、1959）がありますので、それを手がかりに調べると、何処で、作っていたか分か

る可能性があります。明治末以降は、各種の商工信用録などの業者の名簿が出ていますし、屋号や会社名、商店名、人名が分かれば、電話帳で調べる方法もあります」という具合に、調べ方を案内した。「図書館は公刊された資料が主ですので、行政文書は東京都公文書館で調べればよろしい」と付け加えた。いくつかの史料の見方も、目録や現物を見せながら案内した。

　1974年（昭和49）に「伝統的工芸品産業の振興に関する法律」という法律が制定されて、東京都も関連して取り組みを強めた時期だったようだ。（現在、東京では、江戸切子、江戸木版画、江戸漆器、江戸押絵羽子板、江戸鼈甲、江戸甲冑、江戸手描提灯など、多くの品目が伝統工芸品に指定されている。）

　次は、1973年から1976年まで勤めた参考課社会科学室での思い出。

社会科学室での事例から

　社会科学室は、政治、経済、社会、風俗習慣など、本の請求記号の1段目の最初に「3」が付く本、年刊年報を所蔵している室で、取引会社の概要を知りたい、取引会社のメイン銀行を知りたい、取引会社の信用度を知りたい、取引会社の役員の経歴を知りたいなど、ビジネスに関するものも少なくなかった。これらは、プライバシーの関係もあって、相談質問事例集には、掲載されないものだ。また、住民運動が盛んな時期で、その関係の相談質問もあった。法律分野では、法律の成立、改正時や関係する判例などもよく聞かれたが、新米の職員だった私には、加除式の膨大な「判例体系」を調べるのは苦手だった。先輩に丁寧に手ほどきを受けたのだが、相談の内容を即座に「判例体系」の調査に結びつけるのは難しかった。

○電話を取ると落ち着いた声で、歌舞伎に関係している仕事をしているという。「私どもは明治の初めまで芸能関係者として差別を受けていたが、江戸時代のある時期に弾左衛門の支配を脱したと伝わっている。その時の事情を書いた「勝扇子」という文書があるそうだが、それを読んでみたい」というものだった。図書館で独自に作った全集・叢書などに収録されている文書・論文などを個々のタイトルで探すことが出来るカード目録を探すと『日本庶民生活史料集成』第14巻（谷川健一編集委員代表、三一書房、1971年）に収録されていることが分かったので、本棚から持ってきて、『日本庶民生活史料集成』第14巻に収録されています、と伝えると、「いつ頃作成されたものですか？」盛田嘉徳が書いた「勝扇子　解題」をザーと見ていくと、はっきりと書いていない。本文を見ると冒頭に「原本は五代目（ママ、二代目の誤記か、その前に二代目市川團十郎が写したと書いてある。）市川團十郎、美濃紙江自筆をもって、寛永五年小林新助江戸公事日記写」とあったので、それを読み上げる。「どのような判決だったでしょうか？」解題の最初に、浅草新町の長吏頭弾左衛門と興行師・芸能人との間の興業の支配権をめぐる訴訟で、「結局、先例を破って、弾左衛門の敗訴と採決が下された」とあります。ちょっとお待ちください、具体的なことは書いていないので、事典を見てみますね、と言って、『世界大百科事典』を引いてみると、事件の発端が書いてある。これは、史料の最初の綱文に当たるところにも書いてあるので、それぞれ数行なので、読み上げると、「良く分かりました。時間を見付けて読んで見たいと思います。そちらに行くと本があるのですね」「ありますが、お住まいの近くの図書館でも所蔵しているかも知れません。一度電話をかけて所蔵を確認してみるといいでしょう。こちらの図書館では、来館された方に直接館外への貸し出しをしていませんが、お近くの図書館では借りて読むことができると思います」と伝えた。

特別区協議会調査部での調査事例から

　1980年（昭和55）から1985年（昭和60）、千代田区九段下、俎橋の近くにあった財団法人特別区協議会調査部に、東京都から出向した。特別区協議会は、23特別区が共同設置した団体で、23区が行政上の諸問題を協議したり、共通の事務を処理する方針を検討したり、東京都と財政調整の協議などをする団体だった。特別区協議会が置かれていたビル、東京区政会館には、特別区人事委員会、特別区長会、特別区議長会などの事務局も置かれていた。

　この時期、地方自治法の改正にともなって1975年（昭和50）、各種の事務事業が東京都から23特別区に移管されたあとで、清掃事業の移管が大きな問題となっていた。これらの事務事業移管にともなう23区の事業の在り方等を調査研究する役割も特別区協議会調査部は担っていた。調査部が1980年設置した資料室に司書として出向したのだった。

　最初の1年は資料の収集、整理などが中心だったが、2年目から特別区協議会が設定したテーマの調査や23特別区の職員からの相談質問の調査が中心になった。

○そのきっかけになったのは、2年目になって、調査課長から呼び出しがあって、「23区が自治権拡充の一環で、特別区の独自の児童福祉関係の審議会設置を構想している、そのために23区としての考え方をまとめておかなくてはならない。課内に検討チームを作って調査研究をやるので、手伝ってほしい。君には、ヨーロッパの児童福祉の現状と問題点、それと費用負担の問題で、特定の所得層で保育所入所の要求が特に強い階層が存在する。これがなぜなのか調べてほしい」というものだった。

　最初の会議で、メンバーの中に、せっかく資料室に東京都から司

書が来ている、司書はレファレンスサービスで調査もやる専門職だ、彼に特定テーマについて調べてもらったらどうだろうか、と発言した人がいて、課長がそれでは試しにやらせてみようと思ったらしい。調査チームの会議に出て、住民の実態調査や意向調査などに、調査チームのメンバーに同行して、近隣の市に出かけた。

　与えられたテーマのうち、「ヨーロッパの児童福祉の現状と問題点」は、国立国会図書館発行の「雑誌記事索引」でまず調べ、関係ありそうな論文・記事をリストアップして、国立国会図書館に行って、片っ端から書庫から雑誌を出してもらって、チェックしていった。これを手がかりに関係雑誌のリストを作って、それを過去10年間調べることにした。当時、国立国会図書館に、一般研究室という室があって、そこは調査テーマを書いて申請すると半年間、5時の閉館後も8時まで使えるというところだった。申請すると即日利用が可能となった。雑誌を順次見ていく作業は1週間半ほどで終わった。タイトル数から見て何週間もかかるところだったが、書庫出納の若い職員が、3日目になって、「お客さん、今日はどのくらい見ます？」と聞いてきたので、リストを見せると、「じゃ、これくらい準備しておきますよ」と言って、ブックトラックに雑誌を載せて持ってきてくれた。1回に3冊（製本された雑誌の時は3合冊、製本されていないと3号分）しか出してもらえない。毎回、同じ所に3冊取りに行くより、あらかじめ用意しておけばその手間がはぶけると職員も考えたらしい。こうしてくれたことで、おおいに作業ははかどった。昼間は、都内の福祉関係の専門図書館にも行って調べた。これは東京都立中央図書館参考課が作成していた類縁機関名簿が役立った。類縁機関名簿とは、中央図書館では資料的に十分対応できない専門分野の資料・情報を持っている図書館や資料室のリストで、これは図書館員が直接行って、図書館から利用者を案内したときに、たとえ一般には非公開の資料室でも、閲覧を許しても

らえるように、条件等を話し合って、受け入れてもらえる資料室等の概要と受入条件などを書いたものだった。これを手がかりに福祉関係の専門資料室などに出かけていって、調べ方などを教えてもらい、調べて、雑誌論文や調査レポートを入手した。

二つ目の調査テーマは、全然分からなかった。東京都庁にある都政資料室に行って各種の住民意識調査のうち関係があるものを見たものの、調査属性に所得階層まで書いたものはなかったので、まったく手がかりも得られない。これも「雑誌記事索引」で関係ありそうな論文・記事を探したが、それらしいのはない。ただ、斉藤達三という研究者が、「都市問題研究」（大阪市）30巻10号（1978年10月）に「行政の守備範囲と公的負担の実証分析 –1– 公共領域の規定構造」という論文を書いていることが分かった。これはこれはと思って、早速、国立国会図書館で書庫出納してもらって読んでみると、非常に実証的で優れた内容で、保育所の住民負担の問題にも関心があるらしいことが分かった。さらに、所属が自治省自治大学校だとある。自治大学校は、勤めていた都立中央図書館がある有栖川記念恩賜公園から道一つ隔てたところにあった。何となく親しみを覚えて、電話して、調べている内容を話して、分かることがあったら教えていただけないかと頼んでみると、いいですよ、いらっしゃい、と言ってくれたので、すぐに行った。

調査の目的を話すと、こうした資料があります、と言って、住民の意識調査などの資料を持ってきてくれて、分析の結果などを説明してくれた。ここのところは、どうしてもコピーがほしいと言うと、すぐにコピーをとってくれた。実に気さくで親切な対応だった。この時受けたレクチャーをもとにして、国立国会図書館や福祉関係の専門資料室を探索して資料を収集した。

こうした調査をまとめて、30をこえる論文・記事、調査レポートのリストを作成し、全体の概要を付け、重要な論文・記事等のコ

ピーを添付して、課長に提出して、会議で報告した。(その後、こうした検討を受けて、1982年11月、特別区長会が特別区児童福祉問題審議会の設置を決定し、1983年12月、最初の答申「保育所の運営経費の負担のあり方と保育料の改定について（答申）」を発表している。)

　第二の調査テーマの背景は、公立幼稚園の学費と保育料が同じ位の所得階層の住民が、保育園への入所を強く希望する傾向が見られるというものだった。当時、保育料は、申込をした児童がいる世帯の所得に応じて決めることが基本だった。また、第一の調査テーマを調べる過程で、ヨーロッパでは、医学的、心理学的な研究成果によって、3歳までは人間形成の基礎が出来る非常に重要な時期で、できるだけ家庭環境で育てる方が良いという考え方が行政的にも受け入れられ、育児休業期間は3年にする、0歳児の集団保育はやめる方向で検討している国、自治体があることを知った。また、これに関して0歳児からの読み聞かせに図書館が取り組んでいることも関連文献で知った。これは、その後の私の図書館における読書活動の探究に大いに役立った。

　この時の調査結果は、大変高く評価され、これ以降、分からないことがあれば大串君に聞くと良いということになって、調査依頼が次々と舞い込むようになった。

　調べたテーマは、行政のあらゆる分野にわたった。まちづくり、商店街振興、受益者負担のあり方、地区計画制度の活用方策、都市内工業振興、住環境整備、新交通システム、文化行政、清掃事業、大井競馬のナイター実施の事前調査、場外馬券入売り場の問題点、都市防災、行政区域の確定方法などなどであった。

○大井競馬のナイター実施の事前調査は、当時23区で共同開催していた大井競馬でのナイター競馬実施の検討のための調査の一環だ

った。ナイターを実施したときの問題点を調査するというのが、与えられた調査テーマだった。それも1週間で調べろ、というものだった。すぐに調査対象機関をリストアップして、調査に取りかかった。競馬についてはまったく知らなかった。特別区協議会に出向した最初の研修で、それは東京区政会館内の組織が合同実施したものだったが、朝、一番前の席に座っていたところ、拍車が付いた長靴をはき、鞭を持った中年の男性が登壇して、いきなり、机を鞭でたたいて「競馬は健全なスポーツだ！」と叫んだときは、びっくりしたが、その時、23区が大井競馬を共同開催していて、その利益が区民の生活に役立っていることや、競馬開催の事務などについて学んだ。その時、得た知識が全てだった。調べてみると、当時、地方競馬は、どこも経営難に直面しつつあって、大井競馬もそのうち経営難に陥る、その前に手を打っておきたいというのが、上層部の考えだったようだ。大井競馬場に行って、競馬事業の大枠を学んでから、国立国会図書館で関連資料を探索して、次に都内の関連組織や警視庁、東京消防庁などにも足を運んで調べた。警視庁と東京消防庁では、大変丁寧な対応をしてもらって、関係する資料なども快く閲覧させてくれた。貴重な情報をメモさせてもらった。調査結果をまとめて提出した。この時は、短期間のうちによくここまで調べてくれたという評価を得た。（その後、大井競馬ではナイターの開催に踏み切って、今では、東京シティ競馬トゥインクルレースとして定着している。）

　こうした大きなテーマで調べることもあったが、23区の職員からの問い合わせも増えた。これは、図書館の相談質問・回答サービスに該当するものだった。2年目から資料室では、「地方自治関係雑誌記事件名索引」という冊子を発行し、毎月発行する資料室報でも、行政の課題をテーマに取り上げて資料の調べ方や紹介を行った。「地方自治関係雑誌記事件名索引」は、資料室で収集している雑誌

の記事を「ことば」から探すことが出来るようにしたもので、年4回発行した。これらを23区の区役所に配布した。この効果もあってか、23区の職員からの相談も増えていった。モノレールの建設を検討しているが、法的な問題点や可能性について調べてほしい、住民から費用負担について問題点の指摘がされているが、これについて他の自治体でも検討した事例はないか調べてほしい、学校でこのような問題が起こっているが、関連する判例について調べてほしい、など、実際に現場で問題になっている事柄が多かった。23区の職員からの問い合わせで多かったのは、他の自治体での事例調査だった。これは、分厚い「全国都市の特色ある施策集　昭和55年版」（全国市議会議長会編刊、1981年）などで調べ、さらに資料室で作成していた「地方自治関係雑誌記事件名索引」や国立国会図書館「雑誌記事索引」もチェックして、リストアップして、永田町に出向いて全国知事会などの中央団体の事務局や、都道府県会館で情報を入手して、これらに基づいて必要なものは個々の自治体に問い合わせをして資料を入手した。永田町には、全国知事会、全国市長会、全国町村長会などの事務局があり、資料室があった。都道府県会館には、道府県の東京事務所が入っていた。これらは貴重な情報源だった。また、国立国会図書館の調査及び立法考査局が作成していた各種の刊行物「調査と情報」「レファレンス」「外国の立法」「調査資料」などは、非常に役だった。これらは国会及び国会議員向けの調査レポートだが、地方行政にも大いに参考になるものだった。特に外国の事例紹介は、ほかのところでは入手できないものが多かった。

　特別区協議会調査部資料室の勤務は、5年間に及んだ。最初は2年で東京都に戻る約束だったが、もう1年、もう1年と延長を求められ、結局5年間となった。この5年間は、司書として、〈ひとり専門職〉だった。一般行政職の中で、行政事務について多くのこ

とを学んだし、調査内容に関係して、多くのことを学んだ。司書としては、東京都立中央図書館、都立日比谷図書館での7年間の勤務で学んだことが基礎としてあったので、〈ひとり専門職〉としても何とか職務をまっとう出来たと思うし、5年間の調査活動を主とする勤務で学んだことが、その後の東京都立中央図書館での勤務でも大いに役立った。その意味で、東京都の先輩司書、同僚、特別区協議会の職員、調査でお世話になった多くの専門機関、国立国会図書館の職員の方々に感謝しなくてはならない。

　1985年4月、私は、東京都立中央図書館に戻った。

解説対談
レファレンスの理論と実践、そしてこれから

聞き手
小林昌樹
(国立国会図書館)

『ある図書館相談係の日記』成立前史

小林 今日はこの本(『ある図書館相談係の日記』)ないしレファレンスサービスについての話に収斂する形でお話しさせていただきたいと思います。

そもそもこの本を復刊したいと思った理由は2つあります。ひとつは類書がないこと。自分がこのサービスに関わって3年目ぐらいの頃、ようやくサービスの全体像と細部の関連が理解できて、従来のレファレンス論は参考図書の解説ばかりで、それらをどう使うか、使い方や使うタイミングなど、リファーする動作についてはほとんど書いていないことに気づきました。ところが先生の「日記」では利用者との対話に載せた形で、それが書かれているんです。

もうひとつは一般的な面白さがあること。司書業界内でだけでなく、調べ物をする一般人にも役立ったり、面白く思われたりする記述があることです。これはフリーライターの南陀楼綾繁と別件で話していた際に一致したのでした。

さて、この本の元ネタは1988年と1989年ということなんですが、それ以前からずっとレファレンス担当でいらしたんですか。

大串 1973年に都立(東京都立中央図書館、以下同)に勤めたとき

にレファレンスサービス担当の参考課の社会科学室に配属されて、4年そこにいました。それが大学卒業後の図書館勤めの最初でした。

小林 いきなり社会科学担当！　それは大変。

大串 ぼくが入った年と前の年は、たくさん採用された年でした。1977年から1979年8月まで参考課東京室に勤めて、そのあと9月から1980年3月までは日比谷（東京都立日比谷図書館、以下同）の奉仕課貸出係に勤めます。その後、1980年から5年、特別区協議会調査部に司書として出向しています。

小林 日比谷にもおられたんですか。

大串 ええ、日比谷から特別区協議会に行き、その後1985年に都立中央の参考課に戻ります。参考課の一般参考室に1986年5月から1990年3月まで勤めてから、4月に逐次刊行物課の奉仕係担当になって、新聞、雑誌などの書庫出納をしました。同じ年の7月から都庁の企画審議室兼務となって、1991年10月に正式に都庁に移ります。ここは知事室の下にあって、知事のブレーンだなんて言われた100人の局。そこに1993年3月までいて、4月から昭和女子大学短期大学部に勤めるようになりました。

小林 じゃあ、企画審議室のあと、都立図書館には戻らなかったんですね。その後の学者としてのご活躍ぶりは別途伺うとして、都立中央図書館参考課の、一般参考に戻って来たときの記録が、この本のネタであるということなんですね。

大串 そうです。本当は1985年に都立に戻らないで、労働局の資料室に行く予定だったんですけどね。特別区協議会調査部でよく働いたというので、上司が「希望するところ、どこでも行くことができるようにしてやるから」と言ってくれたので、いろいろ調べて、この労働局資料室がとても良い資料室だった。希望したら、その通り話をつけてくれた。だからすっかりそちらに行く気になっていたんだけど、教育委員会の偉い人に、「君のような司書は教育委員会

に戻ってもらわないと困る！」って説得されて、都立に戻されることになった。

小林　それでしょうがないなと思って、労働局の資料室は諦めたんですね。都立に戻るにあたっては、自分の望みの部署は言ったんですか。

大串　とくに何も言いませんでした。それで参考課一般参考室に配属された。戻ったのはいいんだけど、いきなりレファレンスの演習問題を100題与えられたのには驚いた。仕事中にでも良いからやれと。1つの問題につき1シート、プロセスと所要時間を書いて出すようにということで。その問題は都立を辞めたあともずっと持っていました。

小林　そんな習慣があったんですか、初耳ですね！

大串　それで一所懸命やって、1題目で30分かかったという報告を出したら、えらく怒られた。「こんなのは3分でやるもんだ！」って。例題には、書誌情報の検索、所蔵情報の検索、それから事実調査の検索、いろいろあった。流石に全部出せとは言われなかったけどね。

小林　当時の都立参考課の雰囲気って、かなりスパルタ式だったんですね。あるいは、研修制度みたいなものがあったんですか？

大串　研修制度はきちんとしていたね。最初勤めたときに篠崎セウコさんが参考課長で、彼女はわれわれに檄を飛ばした。「これからの司書は、主題専門分野を持たなくちゃいけない！」と。大学院に行って勉強しろとも言われた。ぼくはいいかげんな司書だったから、そんなことするわけないじゃないかって思っていた。

小林　篠崎セウコさんは主題部門制を提唱していた人ですね。

大串　そう。都立中央図書館参考課には一般参考と社会科学と人文科学と自然科学と東京資料と特別文庫と視聴覚の各室、それと視覚障害者のサービス担当係があったから、それぞれの専門分野を持たなくちゃいけないという方針で。そのための研修があった。

小林　へえ、ちょっと驚きました。というのも、今の図書館ではジ

ェネラリストは喜ばれますが、スペシャリストは邪険にされるので、逆さの雰囲気です。こんな風に参考課に戻っていらっしゃるまでが、この本の成立する前史になろうかと思います。

「でもしか司書」からの脱却

小林 参考課に戻られた頃から、この本の元になるネタがちょっとずつ仕込まれたということになりますが、最初にこういう本を出そうと思ったきっかけというか、あるいは元になるメモ書きみたいなものをはじめたきっかけは具体的にはあるんですか。
大串 メモはいつも取っていた。都立は必ずメモを取って、後で見直すという方針だったから。
小林 じゃあ1973年頃から、今日はこんなことがあったとか、こんなこと調べたという記録が一応あったんですね。
大串 個人的ないいかげんなメモだったけどね。仕事では質問を受けた時は必ず質問内容のメモをとるようになっていましたが、それとは別の個人的なものです。だけど、都立に勤めはじめたときは、まだ図書館員としての自覚は全くなかったからあんまり熱心にはやらなかった。

　図書館の本を出すことになったのは、――ぼくが勤めていた特別区協議会は、俎橋の近くの東京区政会館にあった。学生時代、東中野にあった日本文学学校に通っていた関係で、その友達がよく遊びに来た。その中に山崎岩男っていう男がいて、ある時彼が「この近くで矢野さんっていう人が出版社やってるから遊びに行こうよ」と言って青弓社に連れて行ってくれた。だから当時はこの辺（神保町）をよくウロウロしてた。出版の人ともたくさん会った。ぼくは結構、本のこと知ってるじゃない。だから、大串に聞くとけっこう企画ができるって言われてね。

小林　なるほど！　そういう前史もあるんですね。ウラ前史というか。

大串　その青弓社の矢野恵二さんが、「ぼくも図書館の本を出したいんだよ、なんか書いてくれないかなあ」と声をかけてくれた。ちょうどその時、ぼくにも図書館員としての自覚が芽生えつつあったから、じゃあやろうということになった。

小林　自覚が芽生えた、とはどういうことですか？

大串　特別区協議会の中では、図書館司書というのはぼくだけ、つまり「ひとり専門職」。東京都と23区がそれぞれの財政需要について話し合いをするんだけど、それを仕切っていたのが特別区協議会調査部。そこに配属されたばかりのとき、係長に「23区としてこれから図書館の障害者サービスに取り組むことになる。どういうサービスで、予算がどれくらい必要なのか知ってるか」と言われた。

小林　そんなの当時の国内文献にあったかな？　知ってたんですか。

大串　いや、何も知らなかったのでそう答えたら「専門職なのに、なんでそんなことも知らないんだ！」と一喝された。例えば、障害者の方が車椅子で本を広げて読むには明かりは何ルクス必要か、そもそも書架の間を通るには書架の間が何センチ必要なのか、聞かれても全く答えられなかった。そんなことが他にもあって、ぼくもさすがに、司書としてこれではいかんと思って、一所懸命勉強をはじめた。言ってみれば、それまでは「でもしか司書」だったんだね。

　そういう経緯があって、矢野さんに『図書館政策の現状と課題』（青弓社、1985年）を提案するに至った。２年後には『図書館経営・サービスをめぐる諸問題』（青弓社、1987年）を出した。これはメディアに表れたいろいろな記事を分析したもの。1989年には『図書館サービスの利用と評価』を出した。これは図書館に関する住民意識の調査を集めて分析したもの。この後も、もう１、２冊考えていた。図書館利用者のアンケート調査や、意識調査を集めて分析したものとか──。だけど体調を崩したり、関心も他に移った

りで実現しなかった。

貸し出しとレファレンスの質的な違い

小林 このシリーズは、それで止まったということになるんですね。
大串 そうです。けれど、図書館の実態をもっと伝えたい、ということはずっと考えていた。だからアンケートの分析本の後に、図書館サービスの事例を集めて「実際にこうやっているんだ」という実態を書いた本を出さなくてはいけないと思っていた。
小林 なるほど、それで話がわかってきました。
大串 レファレンス担当になる前、ぼくは貸し出し担当も一度経験した。当時、日本の図書館は資料提供、つきつめると貸し出しを重視する考え方が支配的だったから、貸し出しの実態、という本の企画も一瞬考えたんだけれど、貸し出しとレファレンスは質的に違う。
小林 質的に違う、ですか。
大串 要するに貸し出しを重視する考え方は、図書館の基本的な機能は資料を提供することにあり、市民への資料提供を保障するものとして図書館の自由があるという考え方です。それは言ってしまえば非常に単純な、わかりやすい考え方。しかし、図書館はそんな単純なものではない、とぼくは思っていた。
小林 そうじゃないと思っていたんですね。
大串 図書館は、本を提供して生活に役立てていただく場所。じゃあ、住民が本や資料を活用するうえで、レファレンスとはどういうものなんだということを考えた。この本より早く、1993年に『レファレンス・サービス　実践とその分析』を出しているんだけど、実態である『ある図書館相談係の日記』が実際は先に書かれていた。本当は、実態の後に分析を出したかったんだけど、いろいろあって逆になってしまった。

それはともかく、当時、資料提供とレファレンスは2つの重要なサービスと言われていたけれど、実際はレファレンスは、貸し出しの付属サービスだと思われていた。そうではなく、この2つは関連しているけれど、全く独立した別のサービスです。レファレンスは、サービスを通して社会全体の情報資源を有効に活用するためのもの。もっと言えば住民、国民が図書館の資料を探索したり調べたりすることを通して、ひとびとの生活や仕事、地域社会をよりよいものにしていくと同時に、「知る権利」をはじめとする憲法的な価値を実現するサービスだという、今のぼくの考え方に近い考えを、当時持ちはじめていた。これは今の社会の中で非常に重要な考え方だと思う。

商用オンラインデータベースが登場した時代

大串　1980年代というのは、商用オンラインデータベースが大量に発売された時代でした。図書館的に重要だったのは、国立国会図書館のジャパンマークを三菱総合研究所が有料で提供するようになったことだと思います。当時はまだカプラだった。

小林　音響カプラ！　黒電話の送話器にはめるんですよね。

大串　そうそう。漢字が使えなくて、カナ表記。ジャパンマークを商用オンラインデータベースとして提供する説明会を三菱総研が開いたとき、三菱の担当者だった山崎久道さんがカタカナタイプに向かって、検索するキーを指1本で探しながら入力するものだから、みんなから、そんなに時間がかかっていいんですか、と言われていました。いろいろなオンラインデータベースが誕生して、都立でも導入した。そういうネットワークが見えはじめた時代だった。90年代になって、1995年にはWindows95が出てきてインターネットが普及しはじめた。アメリカではそれ以前から、インターネットは情報資源だと言われていて、カーネギーメロン大学がインターネット

・パブリックライブラリをネット上に作ったりしていた。

小林 この本が出たのはその直前、そういう新しいネットワークが、だんだん見えはじめてきた頃だったわけですね。

大串 そう。1995年はブリュッセルの情報閣僚会議があって、11のプロジェクトを行いG7が責任をもって世界の情報化を進めると決めた。日本はフランスとともに電子図書館の幹事国になって、世界の電子図書館化を進めるという構想があった。そういうバラ色の時代だったんだ。1990年代から2000年半ばぐらいまではね。

小林 麗しい絵が描けた時代。

大串 日本でも2000年11月にIT基本法が制定されて、そのときに経済企画庁長官だった堺屋太一が「これからコンピューター情報通信ネットワークが基盤となる社会が来て、この社会のなかではいろんな知識がネットワーク上で出会って、新しい知識がどんどん生まれていく、非常に知的で創造的な社会が来る。そのために人材を育成し、企業も社会も変わっていかなくちゃいけない」と説明していた。

　ところが、2010年ぐらいからアメリカでは怪しげな動きがどんどん出てきた。例えば2010年ぐらいから選挙に関わるいろんなことをやって、選挙でうまく使うと当選するとか。

小林 ああ、世論が誘導できたりとかですね。

レファレンスは図書館の存在意義の要

大串 2010年代からはビッグデータとAIが出てくる。ビッグデータをプロファイリングして、その人にとって好ましい情報を提供する。それによって、自分に見えている情報の世界が、その人にとってとても都合のいい世界になっていった。スマートフォンには自分に好ましい情報ばかりが提示されるし、SNSで発言しても、「いい

ね」っていう反応ばかりが返ってくる。自分の発言をみんなが正しいと思っている、そういう情報空間しか見えなくなる、そういう問題が発生してきている。先鋭な意見が突出して打ち出されて、社会の分断や差別的な発言の傾向が非常に強まりつつある。アメリカのニュースでも、過激な発言をするキャスターが非常に人気を得ている。

小林 人気が上がっていくと。

大串 そう、だからいま問題なのは、そういう自由な情報の流通を保障することが、逆に社会の分断だとか、差別を助長する状況が生まれてきていること。これは最近、慶應大学の田村俊作先生にお聞きしたことですが、最近「アメリカで信頼できる専門職について」のアンケートがあって、一番信頼できるのは看護師さんだそうです。医者よりも上。それから2位が図書館司書。図書館員は広い情報を収集して、一定の公正な判断で、様々な意見を提供している専門職だという理解があるらしい。それがひとつには「知る自由」を保障する、「表現の自由」と「知る自由」は密接に結びついている。

小林 そうですね、連動する部分がある。

大串 今のIT社会というものは「知る自由」も「表現の自由」も保障されているように見えて、実は保障されていない。それでいて「人間の尊厳」に対してマイナスな側面が出てきている。だから図書館は、レファレンスを通じて広い範囲の公正な意見を、同価値で多様な意見を提供していかなくてはいけない。それによって住民が、利用者が判断していく。そういった意味ではレファレンスは単なる社会的な効用だけでなくて、「知る自由」「表現の自由」「人間の尊厳」「基本的人権」「学ぶ権利」など憲法的な価値を実現するひとつの社会的な装置となるんです。

小林 そういうことを、80年代の段階である程度考えていらしたんですか？

大串 なんとなくね。貸し出しも重要かもしれないけれど、ぼくは

図書館というものが社会の人々に認知され評価されて、積極的に活用していただくようなものになるための要は、やっぱりレファレンスだと思っていた。

「ある図書館相談係」の日々

小林 なるほど、それでレファレンスの実態についての本を作ろう、ということになったわけですね。ではいよいよ、どうやってこの本文が成立したのか聞いていきたいと思います。入館以来、メモをつけていたという話ですけれど、そのレファレンスの実態を記述しようと思ったときに、特殊なメモの書き方とかをしたんでしょうか。業務上、わたしもレファレンス記録みたいなものを取りますけど。
大串 当時の都立の場合はものすごく相談件数が多かった。多い日には、1日に450件も来るわけでしょ。でも基本はマニュアル（226ページ）にあるように、電話を受けたり、話しかけられたら必ずメモを取らなくちゃいけない、メモを取って、確認をしてから調べはじめなくちゃいけない、と言われていたから、メモはみんなで取っていた。もっとも、この本にもあるように、あまりに殺到してくると、メモも取っていられない、件数だけにするということもありました。
小林 それは普通の紙に？
大串 A6くらいの小さな紙にバンバンみんなで書いて、それを1箇所に集めてどんどん積み上げる。午前中だけでも200件ぐらい溜まる時もある。昼休みに誰かがダーっと見て「今日こんな質問が多数寄せられているけど、同じ質問が多く寄せられていたら、午後も来るぞ」と皆で意識したり、まったく同じ質問の場合は、質問の出どころを聞いてみようとか話し合ったりした。何かの懸賞募集だったりすると、以後回答はしないようにするとか──。それはともか

く、そういう風に、ものすごくたくさん来るから、書いてそれでおしまい。ぼくのメモは、後で思い出して書くっていう程度。

小林　じゃあ毎日メモを見返して、後で思い出して、毎日少し書いたりしてたんですか？

大串　いや、積み上がったメモの中で自分がどれをやったのかなんて、後で筆跡で調べるしかないんだけど、そんなこといちいちやってられない。メモの山は、1日の終わりに「何月何日」って頭紙をつけてゴムでくくってポンと置いておくだけだから。1ヵ月に1度だけ事例日というのがあって、その日は全件ちゃんとメモを書くことになっていた。

小林　その日は全部！　それだって大変ですよね。

大串　そう、全部メモを取るし調べた経過も書く。当然その日にはできあがらないから、何日か後にとりまとめの担当者に提出して、あとで皆で、事例日にどういうことを聞かれているか共有する。だからぼくの個人のメモは、本当にその時々に思い出して書いたメモで、毎日じゃない。やっぱり抜けてしまうものも多くあった。

小林　事例日のものを中心に、心に残った、これはいいなと思うのを、思い出して書き残しておくわけですね。当時ワープロは出てたと思いますけど、ノートに書いていたんですか？

大串　ぼくは昔からずっと手書き。原稿書くのも全部。たまたまワープロで書くっていうことはあるけど、それは清書。講演や大学のレジュメはワープロで打たなきゃいけないから。だって、手書きの方がずっと速いじゃない。書くっていう行為は、ぼくは今9Bの鉛筆で書くんだけども、書いているうちに目で見てるところはもう過去の世界なんですよ。

小林　考える速度がありますよね。

大串　書きたいことは頭の中に文章になっていて、それを単に写しているだけ。それをワープロやパソコンでやると、かな漢字変換の

作業によって、考えが全部過去に戻っちゃう。過去と現在が断絶してしまうから、ぼくは手書きのほうがはるかに速い。

小林　じゃあこの本も、原稿用紙に原稿があったんですね。

大串　これはね、ノートにつけたメモをパソコンで清書した。当時、NECの98ノートを使ってた。1枚のフロッピーの中に辞書が入っていて、そのフロッピーに作成した文書を保存していた。図書館用の辞書の入ったフロッピーを入れて書いた。いろんな分野で執筆していたから、フロッピーは4枚、それぞれの分野の辞書を入れて使っていた。東京関係、被差別部落関係や社会運動関係、それから中島みゆきやなんか……。

　そういうかんじで分野ごとに違うフロッピーを使い分ける、辞書を使い分けるっていうのをやってた。あれは便利だった。今は1つになっちゃって、ぼくにとっては非常に不便。同じことをやるには4台パソコンが必要になる。

現場のレファレンスは「ジグザグ」している

小林　あの本に出てくる質問は一応全て事実で、作例というかフィクションはあんまり無いですか？

大串　フィクションは全く無いし、全部ぼくが実際に対応したものです。

小林　そうですか！　話がうまく展開するように、ちょっと作り話も入ってるのかな、と思ったんですけれど、そうでもないんですね。

大串　だから、うまくいかなかった事例が結構あるでしょう。利用者に怒られたとか。

小林　そうそう、それがとっても重要！

大串　失敗も結構あったけど、それも全部そのまま書いた。それでね、本当に心に残ってうまくいかなかったのと、例えば法律上の問

題でうまくいかなかったものなどがあるんだけど、それはまずかったなと書いて、それ以外でもうまくいかなかったものは全部流してる。だからこの中の例が、すべてある程度正しい回答だったなんて、思っちゃいけない。

小林 ああ、そのときの当座の答えにすぎなくて。

大串 だから今でも講演をするときに、この中の失敗例を出して「こういう風なミスが起こる。だからこういう風にやっちゃいけないんだ」と言っています。

小林 まさしくそういうところが、この本の良さだと思います。ありのまま、特に失敗事例が書いてあるというのが。教科書って、基本的に成功事例しか書いていないから「こんな風にうまくいくの？」と思いますね。

大串 最近もレファレンスの本がいろいろ出されているけど、ああいうのは、後で考えてうまくいったように書いているだけで、実態じゃないよね。ぜんぜん実態じゃない。

小林 ですよね。もっと現場ではジグザグジグザグやる感じがします。

大串 レファレンスというのは利用者さんとの関係だから。要するに、利用者さんが「うん、いいよ」と言ったらそれでおしまいなんだよね。

小林 あっ、そうそう！

大串 例えば、今は中型の国語辞典でも小学館の『大辞泉』っていうのがレファレンスの事実調査では一番よく使える。なぜかというと上位に『ニッポニカ』があるから。岩波の『広辞苑』と三省堂の『大辞林』もあって、『広辞苑』は最近新版が出たけれど、どちらもかなり古い。新しいことがよくわからない。『大辞林』は『新明解国語辞典』が下にあるだけあって、ちょっとユニークな説明がある。

　だから『大辞泉』は一番事実調査に使える中型国語辞典と言うこ

とができると思うんですが、利用者さんに質問されて「この地名ですよね？」と見せるとする。もっと詳しいことを地名辞典で調べようと思いながら指で該当する項目を示している間に、「これでいいよ」って言われればそれでおしまい。この本では、そういう「おしまい」になった例も全部そのまま書いてある。本当だったらもっと丁寧にやらなきゃいけなかったということもあるかもしれないけど。

　電話での質問でも、こちらが回答内容を説明している途中で、利用者さんに電話を切られたりすることがあるけど、それもそのまま書いてある。忙しい日だと、こちらも「ああよかった」と思ったりして、後になってまずかったと思うけど、そういう実態もある。そういったものも全部書いてある。

小林　そうですね。そういうある種の実態、例えば利用者のニーズの強さも違うというのも、この本でわかる。要するに学術的な正誤の問題じゃなくて、最近糸賀雅児先生が言ってる「最適解」って言うのかな、その人にとっての最適な答えが出ればそこで終わるというような。

大串　そう、だから明らかにこちらが「しまった！」と思ったとき、後で追いかけなきゃいけないんだけども、カウンターならもうどこかに行っちゃっているし、電話なら切れている。

小林　そういうこともありますよね。後から利用者さんを追いかけて「こっちも出ました！」って……。

大串　案内するときは、書架案内でもメモを渡せと言われていたんだけれども、利用者さんは急いでいると、メモを渡す間もなく行っちゃう。そして後で怒り狂って戻ってくる……それはもうしょうがない。

小林　向こうが覚え間違うこともあるし。

大串　歩いているうちに、頭の中で数字やアルファベット、50音が変わっちゃう。口頭で案内した「3714（教育学、教育思想）」が

「3741（学校経営・管理、学校保健）」に変わるようなのはしょっちゅうだし。「日記」の１月12日にも書いてあるように、西洋美術の本なので「720」のところを見るように案内したのに、実際には「072」を見て、わからなかったとまた聞きに来る。「720」が歩いているうちに「072」に変わってしまう。

小林　確かに言われればそっくりですね。ぜんぜん違う場所ですけど。

大串　だからちゃんとメモを渡さなきゃいけないと言われていた。それから「電話では複雑なことを言わない」「国立国会図書館の請求記号は絶対言ってはいけない」とも言われていた。国会図書館の請求記号は、しょっちゅうトラブルになった。国会図書館に「都立で聞いた」と言って利用者さんが行く。ところが国会図書館の人が調べてみたら出てこなくて、時に何を教えたんだと、国会図書館から都立へ苦情の電話がくる。そういうことがあったから、絶対教えるなと言われるようになっていました。

小林　「そういう本はありますよ」とまでは言うけれど、まあ記号とかはまた向こうでお調べください、というわけですね。

大串　「あちらに行ってお調べください」ってね。でもつい親切心を起こして教えちゃうときもあるわけ。そんなときに限って後で文句を言われる。そんな失敗もありのまま書いているから、この本に出てくる対応は、すごくできる司書には「何をやっているんだこれは！」と言われてしまうかもしれない。まあそれはしょうがない。

東京都立図書館の先輩・同輩たち

小林　当時の図書館の状況、特に周りの人たちの話なんですけど、宍戸さんという方が謝辞に出てきますが、どんな方だったんですか？　係長さんですか？

大串　係長。まじめな人で、都立の日比谷図書館のすばらしい児童

サービスを作ったひとりです。

小林　児童サービス系の人だったんですね。

大串　そう、児童サービス系の人でもあった。日比谷図書館の新館が1957年にできて、そのあとに専門職として図書館司書採用がはじまって、最初に採用されたのが篠崎セウコ課長とか、島田若葉課長といった方々。宍戸寛さんはその後ぐらいに入った人。後に、今の文化学園大学の教授になって、図書館長にもなった。

小林　図書館学の人になったということですか？　司書課程教員というか。

大串　そう。ぼくは草創期の専門職の方に厳しく言われたことがあったなあ。

小林　ほう、なんでですか？

大串　最初の人たちはみんな大変で、希望に燃えてたというか、使命感に燃えて一所懸命にやってきたでしょ。最初の採用の1〜3年ぐらいで勤めた人たちはみんなそうだったんじゃないかな。図書館司書としても、専門職としても意識が高かった。

小林　そういう専門職草創期の人たちが、大串さんが入館したときに課長クラスにいたんですね。

大串　そこに、我々みたいないいかげんな新人がたくさん入ってきたから、こりゃいかん、ばっちり締めなきゃいかんということでさ……。

小林　それでもう100題出題されちゃうんだなぁ（笑）。じゃあ基本的にはその専門職志向の雰囲気っていうのがあったんですね、館全体として。

大串　そうです。宍戸寛係長は素晴らしい人で、いろんなことがよく見えている人だった。この本にもでてくるけど、「天皇陛下が病院に入院された」というのが夕刊に出た。そしたら相談係をみんな集めて「明日から皇室関係のレファレンスが来るから、みんな皇室用語の使い方の勉強をするように」って言って、関連する辞書な

どを集めてきて皇室用語の勉強をさせた。皇室用語の使い方を誤ると、苦情がいきなり東京都知事のところに行っちゃうからね。実際に、過去にそういう例がある。それで皇室用語の使い方の本を積み上げておいたら、翌日の一番最初に入った電話は荒川区役所からの電話で「皇室用語の使い方を書いた本はありますか」って。

小林 ドンピシャですね！

大串 ドンピシャなんだよ！　そういう指示ができるっていうのがすごいよね。

小林 はー、なるほどですね。あの、そういう先輩たちは立派な人たちだとして、同輩の人たちでこれは、これはという人いました？

大串 ひとつ上に瀬島健二郎さんがいて、彼は宍戸さんの後任として文化学園大学の教授になり、今は図書館長をやっている。稲岡勝さんも瀬島健二郎さんと同期。稲岡さんはその後、都留文科大学で文化史と図書館学を教えていた。今年『明治出版史上の金港堂　社史のない出版社「史」の試み』（皓星社、2019年）を出されましたよね。

小林 そうそう、稲岡先生も都立ですね。

大串 ぼくと一緒に入った人では、山田英雄もいた。彼も優秀な人だった。ぼくが相談係（一般参考室）にいた時いっしょに仕事をしていて、相談係のマニュアルをまとめる中心となった人。ほかに、白石という名前が何回か出てくるんだけど、白石英理子さん、彼女は慶應の図書館情報学科の出身。色白でおとなしそうな感じで、声をかけやすい雰囲気があった。ときどき、カウンターで利用者から無理難題を言われていた。自分の言うことを聞かせようと、無理を言う人がたまにいる。例えば大学教授なんて、名刺を出して、「書庫に入れさせろ」とか言ってゴネる。

小林 だけど書庫には入れさせないですよね？

大串 もちろん、入れてない。だけど大学の人たちというのは、ど

ういうわけかみんな名刺を出して、入れろとか言うんだよ。

小林　そんなこと言うんですか。へぇ、それはちょっと面白い現象ですね。

大串　「日記」にも出てくるけど、その子が応じないと、「お前ではわからないから上に代われ」って。

小林　上司と代われとか、男と代われとか昔は多かったみたいですね。

大串　代わったって何の変化もないんだけどさ。……同僚たちについては、それぐらいしか覚えてないんだよなぁ。すみません。

小林　いえいえ、都立図書館って館史がいまいち無いですよね、無いに近いのでしょうか？

大串　ちゃんとしたのは無いね。

小林　『五十年紀要』（東京都立日比谷図書館、1959年刊）って変わったタイトルのがあるきりで。

大串　あるね、あれは戦時疎開で大変だった、ということが書いてあるやつ。

小林　戦時中の館長、中田邦造の仕事なんかですね。都立って、重要度の割には何をやっていたかよくわからない、不思議な図書館ですよね。最近、文化学園大学の吉田昭子さんが戦前のことを一所懸命やってるけど、戦後のことはそれこそ無いに近いっていう気はします。

大串　そうそう。宍戸寛さんが書いてくれればいいね。亡くなられた佐藤政孝さんが、ちょっと書いていたな。あの人は、一般行政職の人なんだよ。図書館が大好きな人で、都立中央図書館を作るというときに図書館の総務部長になった。それでずっと図書館に勤めた。ぼくが行ったときも総務部長で、ある日、日曜出勤で朝に図書館に行ったら、佐藤さんは休みの日なのに、入口で人待ち顔をして立っていた。「休みの日なのに、今日はどうして出てきたんですか？」と聞くと、「これから住民をバスに乗せて、日野図書館に行くんだよ」と言っていた。図書館が大好きで、自分でそういうグループを

組織して、都民を図書館に連れて行ったりとかしてた。

小林　一般行政の人にもそういう篤志家みたいなのがいたんですね。

大串　彼がいなかったら都立中央はできなかっただろうね。図書館って、そういう一般行政から来た人が熱心に打ち込むと、より良くなる。秋田県立図書館の山崎博樹さんもそうだし、鹿島市立図書館にいた内野安彦さんもそう。伊東直登さんは塩尻市の図書館を作って、そのあと松本大学の先生になった。最近有名になった伊丹市立図書館にも綾野昌幸さんという一般行政職の熱心な人がいる。そういう人は、意外といたんじゃない？

『ある図書館相談係の日記』の反響

小林　この本、もちろんいい本だから今回復刊するんですが、刊行当時、あるいは執筆が決まったときの周囲の反応はどうでしたか？館内の人から面白がられたり、業界レベルで話題になったということはあります？

大串　この本は、もちろん都立に認めてもらって出した。内容についても上司がゲラに目を通してくれて、54箇所も赤字が入った。それは直して刊行したんだけど、出した後に、別の先輩から「君は整理をやったことがないから、調べ方が平板だよな」って言われた。あれはよく覚えている。「お前の調べ方は、なんでもキーワードじゃないか、そんなんじゃダメなんだよ、レファレンスは」と。まあその通りだな。

小林　ああ、主題はそのままでも分類に変換して、NDC（日本十進分類法）を使えということですね。

大串　そう。NDCや「件名」を使って検索をできるようにならないとダメと言われて、ああ、その通りだなと思ったね。

小林　なるほど。まあそれはある種、テクニカルな批判ですね。出

したこと自体については、「こんな本はじめてだよ」とか「面白いよ」とかっていうのはありませんでした？

大串　取材をよく受けた。出版社とか新聞社とか、10件以上来たんじゃないかな。入れ替わり立ち代わり。

小林　書評かなんかに出ましたか？

大串　『図書館雑誌』に出たのは知っているけれど、それ以外はちょっと覚えがない。でも取材には来たよ。あとね、NHKラジオの１時間の番組に出た。

小林　じゃあ、やっぱり世間的にもちょっとウケたんですね。

大串　うん、９時からの１時間枠で45分ぐらいしゃべったかな。ちょうど出た前日、ノーベル賞受賞者が新聞に出ていた。ノーベル賞関連の質問が、図書館はけっこうあるでしょ、だから最初のところでそれを話題にした。後々、国会図書館の採用の人から、「この本を読んでレファレンスやりたいって来る人が毎年いるんだよなぁ」なんて聞いたりしたね。

　それから、今は国立教育政策研究所という名前になっているけど、上野に社会教育実践研究センターという場所があって、専門職の研修をやってる。あそこに呼ばれて行ってレファレンスのことを講義した時、受講生の中に何人も、この本を読んでいる人がいた。

小林　ああ、じゃあやっぱり一定程度普及したんですね。たしかに、わたしの持っている本にも３刷と書いてありますから、増刷しているようですし。

大串　今でも、どこかに講演なんかに行くと、「先生のこれ読みました」なんて言って本を持ってきてくれる人がいる。

書誌調査と事実調査

小林　今のは一般ウケの話ですけど、レファレンス理論とか、ある

いは図書館史の運動的な話も聞かせてください。書誌調査重視派と事実調査重視派が昔あったという話を聞きましたけど、これはどういうことですか。

大串　要するに、都立図書館の場合は基本的には書誌情報をすごく重視するっていう考え方だったと思います。だから都立中央図書館を作ったときに「参考図書館」という位置づけで出発するんだけれど、そのときに参考調査研究図書館だから、辞書事典などの参考資料も、全部一般書と同じ本棚に、請求記号順に並べた。ただし各主題室で書誌索引類だけは別のところに置く、そういう考え方で、書誌をすごく重視していた。

　あとは書誌索引類を一所懸命作った。自館作成の書誌索引類は、本当によく作った。日常的にも、それからいろいろなテーマで作った。これは都立中央図書館を構想した時からの考え方で、開館からそれほどたたない1976年に「参考課書誌索引カード作成基準」というマニュアルを作成して、積極的に推進していった。「日記」の中でも利用者が感激している、人文科学室で作っていた「西洋美術全集索引」や「人物に関する年譜・著作目録・参考文献」はその例です。そういう考え方だったから、世界中から本を探し出す、という意識があった。海外の国立図書館の目録も相当集めていた。

小林　あるいはNational Union Catalog（ナショナル ユニオン カタログ）、とかそういうものですね。

大串　そう、それからBooks in Print（ブックス イン プリント）とか。そういうものも集めてサービスをする。この本でも使っている、大英博物館の日本図書目録（『大英博物館所蔵和書目録』（ロバート・K・ダグラス編、科学書院、1986年））だとかね。A3判とかの大きな本もたくさんあった。とにかく書誌は一所懸命集めた。だから書誌目録を別に作ったでしょ。

小林　ありますね。じゃあ主題書誌もお作りに？　カードで作っていたんですか。

大串 カードで作っていました。

小林 なるほど。一部出版されましたよね。じゃあ先生もご自分で主題を考えて主題書誌みたいなのを編成したんですか。

大串 ぼくは他の人のお手伝いという感じでした。主題書誌作成については、有名な人が何人かいたんですよ。民俗学では畑聡一郎さんとか、稲岡勝さんみたいな人もいたし。そういう人たちが、企画を立案して、とりあえず試行っていう形で作ることになっていた。業務用のマニュアルが作られていたのは、参考課として作ることを決めたもので、それ以外にも「試行」という形で主題書誌が作成されていたわけです。それは、多いときで数十種類あったのではないでしょうか。

小林 なるほど！ 国会図書館ですと、伊藤松彦がはじめた『参考書誌研究』なんかに、盛んに主題書誌が載りましたけど、やっぱり並行してそういうことをやってたんですね。

大串 伊藤松彦さんは都立にも来ていたから、影響もあったんじゃないんですか。それでね、図書館内でも書誌情報重視の考え方が強かったと思うんだけど、事実調査を重視しなきゃいけないと言われはじめた時期があった。ぼくが都立に戻ったころ、都立の中でもレファレンスの見直しについての議論があって、レポートをまとめたりした。そこでは、事実調査を重視するグループの意見も強く出されて、書誌情報重視と事実調査重視、両論併記で終わっている。ぼくのレファレンスの本には、情報化社会が来てるし、「事実」を求める人がたくさんいるわけだから、そういう問い合わせにも対応しないといけないと書いています。当時も、規定上は、軽微な質問については受ける、ということになったと思います。

小林 軽微な事実調査は受けると。

大串 裏付けのある資料がある場合に限って受ける、という規定だった。書誌情報重視か、事実調査重視か、どちらかというと、それ

以降に出版されたレファレンスのテキストの解説を見るとわかるんだけれど、事実調査からはじめるテキストがほとんど。事実調査重視派が多いような気がします。でも、ぼくが書いたのは、そうじゃない。やっぱり書誌から入らなきゃいけないと思うから、ぼくの本は書誌情報調査から入っている。

小林 なるほど。そういう意味では正統的な観点から出発しているというわけですね。

図書館には多様性があっていい

小林 そうした問題とは全然別に、図問研（図書館問題研究会）の影響というのも、都立にあったと思うんですけれど、どうですか？

大串 すごくあったようです。でも、ぼくは全然知らない。「でもしか」だったから。ぼくらの年と次の年で、60人くらい司書を採用している。

小林 どっと入ったんですね。

大串 それで、迫田けい子さんが最近書いた『歩みをふりかえって』（女性図書館職研究会・日本図書館研究会図書館職の記録研究グループ、2016年）という本を読んでびっくりしたんだけど、当時、図問研の人が40人を超えていたって書いてあった。ぼくは、図問研っていうグループがあって、「みんなの図書館」を出してるっていうことくらいしか知らなかった。けど、図問研の人が書いた本の中で、古い自転車の絵が出てきて、貸し出しとレファレンスの関係を、大きな前輪と小さな後輪（補助輪）の関係で例えていたのを読んだ時には驚いた。

小林 貸し出しの補助輪としてのレファレンス……。

大串 そう、補助輪としての。だけどそれは実態にそぐわないじゃないですか。都立中央図書館なんかは貸し出しをしなかったけど、

レファレンスは殺到した。そういう実態を反映していないよね。

　2018年10月に、札幌のビジネス街に「札幌市図書・情報館」っていう貸し出しをしない図書館ができて、それで非常に人が集まっている。そこを作る時、ぼくは浅野隆夫館長にいろいろと意見を言わせていただいた。「別に貸し出しをしなくてもいい。利用者さんが来た時に、こういう本があるっていうことをちゃんと見せれば、人は集まる。それからレファレンスをちゃんとやれば人はもっと集まります」って。

　それから、あの図書館は札幌市の中心街にある。「1.5kmの範囲内で働くビジネスマンを対象にした、レファレンス重視の図書館がいいんじゃないか」とも言った。だから、貸し出しをするから人が集まるというわけでもない。本をどういう形で人と結びつけるかっていう仕組みをちゃんと整備すれば、図書館が集めた多種多様な本や資料を使ってもらえる、それも図書館、っていうのがぼくの考え方。

小林　うんうん、貸し出しに限ることはない。

大串　こういう考え方は、ある種の人たちから見ればけしからん考え方で、いろいろ言われたこともある。函館市立図書館のことをすごく評価したら、とても怒られたことがあった。函館市立図書館は、石川啄木の周辺にいた知識人たちが作った図書館で、横長の明治のカードがまだちゃんと使われていてね。そのカードで見ると、ぼくからすれば非常にいいコレクションを作っている。当時の知識人たちと函館の人たちが協力して作った素晴らしい図書館だとさかんに言ったんだけど、誰も認めてくれなかった。かえって「なんであんな図書館がいいんだ」って、とくに図問研の人からはえらく怒られた。でも図書館って、いろんな図書館があっていいんですよ。風向きがかわって、ぼくの意見が受けいれられるようになったのは、2008年に『触発する図書館』（青弓社）を出したあたりからですね。

　ちなみに、近年函館市立中央図書館は、良いコレクションを所

蔵している図書館として度々メディアで取り上げられていますし、個々の資料も関連する歴史番組などで紹介されている。

日本文学学校のこと

小林 この本がどうやってできたのかが明かされて、わたしも疑問が解けてきました。そうは言っても、状況を記述するにはある程度文章を書けないといけないですよね。それは昔からの文学修行で養われたんでしょうか。

大串 『図書館のこれまでとこれから』(青弓社、2017年)という本にも書いたけど、ぼくは幼稚園時代にいじめられた体験があって、それで文章表現力をつけたくて、1浪して早稲田大学に進学した。そのとき、文学部は1類と2類と分かれていて1類が哲学、2類が文学。ところが、文章力を身に付けたくて早稲田に来たのに、なんとなく面白そうな1類を選んでしまった。専攻は人文専攻で、他学部の授業を受けても20単位まで、卒業要件になるという自由な学科でした。

それで文学の方は、1年の時は仲間と文学サークルを作って、小説や詩を書いて同人誌を出したりしていた。神田の書店で、東京堂なんかは同人誌を置いてくれたでしょ。10冊持って行って置いてもらったりした。ほとんど売れなかったけどね。それで1年生の年末ぐらいだったかな、東中野にあった日本文学学校で詩の教室が開かれるというので行ってみた。

編集部 文学学校ですか、どんなことを教えるんですか？

大串 文学の講義の他に、詩、小説、評論を書くといったような創作の教室がいろいろあった。新日本文学会のやっている学校だから、ちょっと左翼的な文化人たちが集まって講師をしていたね。当時は、鈴木志郎康だとか、長谷川龍生だとか。

それからぼくは長谷川龍生のところに、3年間毎月通った。月曜詩会っていう詩のサークルがあって、毎月テーマを決めて詩を書いていって批評をもらう。12月には「忠臣蔵で長編詩を書け！」ということになったり。一所懸命書いたなあ。提出してもパラパラと読んで、「ここが問題だ！」と一言いわれてそれでおしまいになっちゃうんだけど。でもそうやって勉強した。

小林　じゃあものを書くのはもともとお好きだったんですね。じつは詩集もお出しになっていますし……

大串　最初はね、ものを書く人になりたかったんだよ。でも図書館に勤めることになって、それを長谷川龍生のところに報告に行った。「これから都立図書館に勤めることになった」って言ったら、長谷川龍生がそれを聞いて、じーっと考えていた。

小林　考えていた……

大串　それで「君ね、そういう堅気の仕事に就くんだったら、もう文学はやめた方がいい」と言った。文学はあることないこといろいろ書いて、それが本当のことだと周りからも見られて、家族はみんな迷惑をする。真面目な公務員になるんだったら、文学はやめた方がいい、と。

　彼も真面目な人でしたから、自分の体験を踏まえてぼくにそう言ったんだと思う。それでぼくは文学はやめることにした。その本（詩集『死を選んだ仲間たちへの挨拶』（私家版、1980年））は、書きためた作品の中から、これを最後にしようということで纏めたものなの。学生紛争の頃の話でしょ、中身は。

小林　そうです。どこの図書館にも入っていないし、お出しになっていること事実自体どこにも書かれてない。どうして書いてないんですか？

大串　別に書かなくていいからだね。それに、ぼくは文学以外にも江戸東京や、いろいろやっているし、そんなこといちいち書くこと

でもない。以前ある本のあとがきに、いじめられた経験のことを書いたら、ある人から言われたんだよ。「いじめられたことは本には書かない方がいい。かえってマイナスの評価を受けるから」って。それはおかしいなと思ったけど、まあ世の中一般はそうかもしれない。だから、それ以降ほとんど書いてない。まともに書いたのはこの本（『図書館のこれまでとこれから』）が初めて。

　それに、当時『ピアニシモ』（集英社、1990年）っていう「いじめられ小説」を書いた作家がいたんだ。辻仁成という人。こういうことを書ける人がいるなら、別にぼくがいじめられたことを文学で書かなくてもいいんだと思った。ぼくはぼくだけで文章力をつけて、自分の好きなことを書けばいい。文章を書いて、詩を書くために、いろいろなものを読んだり覚えたりしていたけど、それはそれで覚えていればいいんだよ。

いろいろな「図書館本」を作る

大串　文学の方とは離れたけど、青弓社の矢野社長と出会ったのがきっかけになって、図書館の本はたくさん作らせてもらった。矢野さんは、図書館は大学図書館だけで400以上あるし、公共図書館2000以上もある、専門図書館も入れればもっとあるから、図書館本は売れる「はず」だって言ったんだよね。

小林　はずだと（笑）。

大串　ところが当時図書館の本は、調べてみれば、1000部出れば大ベストセラーだった。最初に『図書館政策の現状と課題』をつくったときにも、1000部しか売れないよって言ったんだけど、矢野さんはその倍以上刷ると。やめた方がいいって言ったのに刷っちゃったんだよ。

小林　じゃあ在庫になっちゃったんですか？

大串　ところがね、『図書館政策の現状と課題』はある程度売れた。

小林　評判がよかったですよね。

大串　中国政府が纏めて買ったようです。中国は当時、文化大革命の後で自由主義的な雰囲気もけっこう出てきて、図書館がある程度重要視されてきた。特に図書館ネットワーク、それまで中国ではネットワークが全部遮断されていたからね。この本は国と自治体の行政区分それぞれについて、例えば国の、三全総（第三次全国総合開発計画）のネットワークについても詳しく書いているんだよ。それでたぶん、中国政府が纏めて買ってくれて、各所に配って勉強会をしたらしい。あとから、その勉強会をしたという中国人から手紙が来た。

小林　中国から、中国語で？

大串　いや日本語で。どういうわけか中国から来る手紙っていうのは、先生の顔写真と家族の写真を送ってほしいって書いてあるんだよ、送らなかったけど（笑）

小林　送ったら、ちゃんと毛沢東みたいに向こうで拝んでくれるはずですよ（笑）

大串　でも、天安門事件の後はぱたっと来なくなったね。

小林　なるほど、1989年。これは今日の趣旨と関係なく面白い話題だなぁ。

大串　でもね、この本だって矢野さんが思っていたほどは売れていない。そのあと『図書館経営・サービスをめぐる諸問題』を企画していたけど、たぶん売れないだろうと彼は踏んだ。「大串君、新しい本はあまり売れないだろうから、売れる本を書いてよ」って言ってきた。当時、売れる本っていうのは3つあったんだよ。シンガーソングライターの本、吉原もの、それから宝塚。これは着実に売れた。で、矢野さんはシンガーソングライターでやりたいって言うから、中島みゆきでやろうと提案した。

小林 前からファンだったんですか。

大串 そうでもなかった。じつは図書館に勤めて4年目にノイローゼになったんです。医者に行ったら「自分が寝れないと思っているけど、本当は寝ている。寝ていることを自分自身で確認できる状況を作れば、病気は治るから、職場に行って、1時間働いたら1時間休ませてもらえ」と言って処方箋を書いてくれた。しばらく、1時間は書庫で横になっていた。

小林 書庫で！

大串 それで、寝たことがわかればいいなら、ラジオを聴きながら寝て、いつごろ聴こえなくなったかわかればいいと考えた。ところが深夜放送では中島みゆきがオールナイトニッポンで大騒ぎしていて、笑っちゃって全然寝れない。クラシックは静かすぎていつ寝たかわからない。それで最終的に歌謡曲にたどり着いた。歌謡曲は1曲2分半ほどで何曲目に聞こえなくなったかあとで起きたときにわかるから。歌謡曲の中でも、都はるみみたいな唸るのはダメなんだけどね（笑）

小林 興奮しないような曲を選ぶと（笑）

大串 いろいろ聴いて、何度聴いても飽きが来ない歌手が2人残った。それがさだまさしと中島みゆき。それで中島みゆきは何者かと思って本を読んだりしていた。それで『中島みゆきの場所』（共著、1987年）を作ったら、これは売れた。ターミナル駅の書店に平積みになったんだよ。

小林 すごい！

大串 それで調子に乗って、山内亮史さんに『中島みゆきの社会学』（1988年）を書いてもらった。『中島みゆき大研究』（1987年）っていうのも書いた。これは大串夏身の名前はどこにも書いていないけれど、全部自分で書いた。これも売れたね。神田の古書店で半年前に5000円で出てた。1500円の本がもう絶版だから。

小林 プレミアがついたんですね。

大串 そうなんだよ。『桑田佳祐大研究』(1988年)も出し、そのあとに『小泉今日子大研究』も企画があったけど、実現しなかった。それでそのシリーズは終わりになった。

小林 これは、出版史として面白い話ですね。

「チャート式」はどうしてできたか

小林 それから、大串先生の有名な本ですとやっぱり『チャート式情報・文献アクセスガイド』(青弓社、1992年)、これは図書館業界以外の人にも受けた部分がありますよね、大学生向けのを作ったり。最初にチャート式を思いついたのはどういうきっかけですか。

大串 都立中央図書館の参考課一般参考室には、調べもののマニュアルがあったんです。

小林 インフォメーションカードみたいな?

大串 いや、内部で使うスタッフマニュアル。その中に「調べ方の部」というのがあって、そこにひな型になるようなものがあった。「3分でやるんだよ」と言われたときに、よくよくマニュアルを見たら、流れで調べた方が良いとか、一般的な調べ方はこうだということが、ちゃんと書いてあった。それぞれの質問類型に合わせたチャート図みたいなものが、あまり詳しいものではないけど、あった。それを見て「なるほど、こんな風に調べれば3分でできたのに」とわかった。それで、そういうマニュアルは各分野で作らなきゃと思った。都立は各室ごとにレファレンスに関する勉強会をやってたので、各分野での調べ方をチャート図で書いておけば、マニュアルを読まなくても一目でわかって、すごく早く調べられる。

小林 それで作りまくった?

大串 そう、そうしてチャートブックを作った。一般参考室では、

一定の時間をかけていられなかったから、そのあとは調べ方の案内に切りかえて終了させることになっていた。テーマ別、分野別に調べ方案内を準備すれば、図書館員は調べ方の説明をスムーズにできるし、利用者はそれを参考にして自分で調べることができるようになるだろう、テーマ・分野別に調べ方の案内を作らなくちゃと思っていた。残念ながらそれは実現しなかった。最初に『現代人のための情報・文献調査マニュアル』(情報アクセス研究会編著、青弓社、1990年)っていうのを出して、あれが売れたなあ。

小林　ああ、『文科系学生のインターネット検索術』(青弓社、2001年)もありました。

大串　そうそう。「チャート式」を作った背景には、1980年代っていう情報化が進んだ時期に司書になったということがある。ちょうどリチャード・ワーマンらが情報デザイン学を提唱しはじめた時。この頃、アメリカでは情報不安症という社会現象が生まれてる。これは、自分で調べてみるんだれけど、十分に調べられているかわからず、不安に陥るというもの。そういう人たちが増えてきていた。

　ぼくは、リチャード・ワーマンが提唱した「これからもっと情報が満ち溢れる社会が来るから、特定のテーマや情報要求を持ったグループを想定して、その人たちが早く情報にたどり着けるよう、社会的に整備していかなくちゃいけない」というものを、その通りだと思った。その整備のひとつとして、図書館はチャート式みたいなものを作って、利用者に一目でわかるような調べ方を案内、提案していく必要がある、ということが考え方としてあった。

名作ビデオ『図書館の達人　司書実務編』

小林　あとひとつちょっと聞き忘れていたんですけど、『図書館の達人　司書実務編』という、司書実務を解説するビデオシリーズを

作ったじゃないですか。あの中のレファレンスの部分が非常にいいですよね。慶應大学で図書館情報学の授業を受け持っているんですが、DVD化されたものを今だに使わせてもらっています。

大串 あれはね、日本視聴覚教育協会が1954年から毎年実施している、優秀映像教材選奨・教育映像祭で優秀作品賞を受賞しました。

小林 どういうきっかけがあって作られたんですか。

大串 紀伊國屋書店が図書館向けのビデオを作りたいということで、最初は大学図書館向けのものを作っていた。次は公共図書館版を作りたいという話がきた。それで大学向けのを見てみると、何だか趣味的な内容だった。そうじゃなく、児童サービスだとか、レファレンスサービスだとか、テーマを分けてちゃんとしたものを作った方がいいと提案した。そういう趣旨で、6人集められた。ぼくと小川俊彦、佐藤涼子、阪田蓉子、丸本郁子、椎葉伸子。レファレンスのところは、ぼくが担当になってシナリオを書きました。

小林 当時評判だった千葉県の市川市立図書館が舞台ですね。館長は小川俊彦さんで。

大串 そうです、入ってすぐにレファレンスカウンターの場所がわかる図書館ということで、市川図書館を選んだ。多くの図書館は、入り口からレファレンスカウンター等は見えなくて、回り込まないとその存在に気づかない。あともう1つ市川のいいところは、入口のところに人を立てていて、総合案内をやっている。貸し出しカウンターも立ってやる。やっぱりそういう館じゃないと。図書館員が座ってふんぞり返っているのはすごく利用者に悪い印象を与える。それはどこの図書館でもそう。利用者アンケートを取ると「若い職員が入り口でふんぞり返っている」っていう記入が結構ある。都立の場合は立ってやるのが基本だった。

小林 都立はそうでした？　立ってたんですか。

大串 そうなんだよ。都立の中央図書館の一般参考室っていうのは、

入り口から入って、まっすぐ見て一番奥まったところに立ってやるカウンターがあった。その横に座ってやるカウンターがあった。ところがあまりにも奥まっているっていうことで、もっと前に出さなきゃいけないということになった。

小林 前に出したんですか？

大串 それが、建築家が厳しい人で、だめだと言うんだよ。意匠権があるからって。しょうがないから閲覧室から机を1台持ってきて、入口を入って少し左側の柱の横に置いた。でも、立って応対するのが基本で、日比谷の場合も立ってたな。

大学での仕事

編集部 大学でのお仕事についても、少し伺いたいと思います。大学の授業でもレファレンスを？

大串 そう、レファレンスと情報検索。ぼくのレファレンスの授業はすごく厳しくて、早稲田でのレファレンス演習の授業では、途中脱落する学生が多かった。ぼくの場合は全国の市町村の図書館のレファレンス事例を集めて、所蔵調査、書誌的事項の調査、事実調査、文献調査、調べ方案内など、質問類型に分類して、1人に17題、35通り作った。「現場ではこういう風にやってるんだから、君たちも現場の職員になったつもりでやれ」と言ってね。受講生は70人だから2人に1人は同じ質問が当たるんだけど、隣の人が何をやっているかはわからない。学生は大学図書館で調べる、ぼくが巡回して質問を受けて、調べ方などアドバイスするけれど、どうしてもできない学生がいて、回答のレポートを出してこない。だから授業の話は面白いけど問題は難しいうえに採点が厳しいという評判だったようだけど、誰も文句は言わなかった。翌年も受ける学生がいて、また同じ方式で、違う設問を出すから、問題を渡すとみんな

驚いた。「去年と同じじゃないですか!?」——。

編集部 実例なら、探せば模範解答がどこかにありますよね、レファレンス協同データベースとか。

大串 それを探してきて回答する人も中にはいたよ。でもそれはダメ。調べた時点から時間が経っているわけだから、最新の情報をフォローして新しい内容にしてこなきゃ。

編集部 そういう厳しい授業をクリアして、司書になった教え子さんもいますか？

大串 何人もいる、特に早稲田では。講演や各種の委員会委員で行った図書館で、時々「先生の授業受けました」という人が来たり、中には「先生の授業落としました」という人もいた。自治体や、指定管理の図書館で働いている人もいます。

編集部 大学教育のほうには、希望して行かれたんですか。図書館に戻って、レファレンサーとしてやりたかったお気持ちはあったんでしょうか。

大串 特に大学教員になろうとは思っていなかった。昭和女子大で図書館学の先生が1人必要だというので、呼んでもらった。他にもいろいろ優秀な人はいたわけだけど、当時45歳で、年齢的にちょうどよかったらしい。
図書館現場、レファレンサーに特にこだわりは、残念ながらなかった。佐倉の歴史民俗博物館、江戸東京博物館からそれぞれ近代担当の研究員・教授として来てくれという話があって、その気になって辞令をもらう直前まで行きましたから。それぞれ所属の組織が、出してくれなかった。調べることへの関心は持ち続けましたが——。

これからのレファレンス

編集部 増補復刊にあたりタイトルを『レファレンスと図書館』と

改めさせて頂きました。『図書館のこれまでとこれから』では「主題性を持ったいい司書、レファレンサーの人たちがたくさん出たけれど、それは制度としての成果じゃなくて個人的な努力によるもの」という趣旨のことを書かれていますが、これはどうしてでしょう？　最後にあらためて、レファレンスと図書館の関係性についてお聞きしたいです。

大串　簡単に言うと、やはり日本の場合は国民、住民のイメージとして、図書館は貸し出しサービスを行っていて、貸し出しサービスに関わるのが図書館員だという印象が強い。貸し出しサービスが強く前面に出て、その分司書という専門職の認知度は低い。レファレンスは図書館の重要な仕事だと言われてはいたけど、実態はそうならなかった。

　理由はいくつも考えられるけれど、一番の問題は、利用者が気軽に図書館、図書館員に聞くことができる仕組みが作られていないことだと思う。例えば、カウンターの位置を見ると、入口の近くに貸し出しカウンター、その隣に読書案内カウンターがあって、奥の方、あるいは２階にレファレンスのカウンターがあるという図書館が多い。貸し出し数が増えていくと、読書相談カウンターの人も貸し出しカウンターに入って、人がいなくなる。レファレンスのほうはあんまり人が来ないから、人をつけなくなる。利用者もカウンターの存在を知らない人がけっこういる。

　もうひとつは、レファレンスは中身や結果が見えにくい。社会的な意義や役割が利用者の意識にも、図書館員自身の意識にも上がってこないと、社会的に専門性は認知されない。最初にも言ったように、やっぱり表現の自由、知る自由、基本的な人権や学ぶ権利といった憲法的な価値を社会の中に実現する１つの社会的な装置、その中心になるのがレファレンスだと思うわけです。このところが図書館員にも理解されていないし、それから図書館のテキストにも書い

てない。

小林 たしかに、そういう書き方はしないかもしれないですね。

大串 そうなんだよ。憲法的な価値を実現するというのは、図書館が知る権利や表現の自由に関わるところで、なおかつ表現の自由っていうのは必ず、人権やプライバシーに関わる。そこに人間の尊厳の思考がないと、差別を生み出してしまう。

　図書館という場所は、ある意味ではメディアにかかわる社会的な装置として、積極的にそれを修復していくような取り組みをしなくちゃいけない。その端緒になるのは、人間が積極的に関わるレファレンスサービスなんですよ。応対の中で実現していくことができる。だから図書館の社会的な存在意義を踏まえたうえでサービスをしなきゃいけないんだけど、なかなか理解が進まない。

小林 表面的には、やったほうがいいぐらいのことはみんな言いますけどね。国会がレファレンス協同データベースやったりとかしていますし。1950年代に一度ブームがあったから、今は第2次レファレンスブームというか。

大串 そこには2006年の「これからの図書館像」の中で、地域の課題解決を謳った影響が非常にあると思う。それは2000年に地域電子図書館構想協力者会議が「2005年の図書館像」を出したときに、ある程度考えられていたこと。糸賀雅児さんが提案して実現した、文部科学省「図書館をハブとしたネットワークの在り方に関する研究会」では、具体的に6つ課題を挙げて検討した。検討するだけじゃなく、アメリカに視察に行って現場を見てきて、こういう方向で地域の課題解決に取り組むという研究レポートを出した。その研究レポートと、それから現場の意向調査もしている。

　そういった調査研究を経て、2006年の「これからの図書館像」が出された。一部の人たちからは「日本ではそんなこと全くやってない、ビジネス支援を全然わかっていない」など批判があったけど、

実際にはアメリカの現場もちゃんと見て、日本でもできるという目算があったわけだから、その点でいいレポートだった。それから少し潮目が変わってきたっていうことはあると思う。それで今、レファレンスサービスの2回目の取り組みが進んできているっていうことはあるけども、これが本当に定着するかどうかだね。

小林　そうですね。現場レベルでは、はなはだ高度な気もしますけど。
大串　2013年にOECDが出した国際的な成人のコンピテンシーの調査によると、日本人のITを使った仕事能力は対象20ヵ国の内ではトップ。ところがOECDの30ヵ国を対象にした調査によると、日本の労働生産性は20位。つまり仕事の能力を持ちながら、生産性は全く上がっていないのが日本の現状。

　これは図書館でもそう。レファレンスといっても、実際に利用者さんから聞かれていることをメモに取っていない。どういうことを聞かれているか把握できていなければ、いかに職員が優秀でも仕事の改善なんてできっこないし、労働生産性だって上がらない。ITを導入して機械にやらせればいい、っていう議論しかできていない。これが一番の問題。メモを取って問い合わせの内容を把握してから調べはじめるとか、利用者さんに話しかけるとか、基本を押さえ、全体を把握したうえで考えないと、いくらレファレンス、レファレンスと声をあげても、かけ声で終わっちゃう。図書館員ひとりひとりがいかに優秀でも、労働生産性は全く上がらないっていうことが非常に大きな問題になっている。このままでは日本全体が取り残されるのと同じように、日本の図書館も社会から取り残されるだろうというのがぼくの考え。

小林　なるほど。うーん……まあ例えば図書館協会の中にレファレンス部会みたいなのを作って音頭を取るとか、そういうのが本当は必要なんですかね。
大串　それは、昔はあったから。日本図書館協会公共図書館部会の

中に、参考事務分科会があって活動していて、1962年に『参考事務規程解説』を出している。出版地は神戸になっています。

小林　神戸市立図書館長の、志智嘉九郎さんのですね。

大串　そう、だから関西はそれなりだった。ぼくは大阪府立図書館のマニュアル『大阪府立図書館参考事務必携』(同館、1971年)で勉強した。要するに、今は多くの図書館が、そういう基本を踏まえたレファレンスサービスができてない。専門的な仕事です、という言い方をするんだけれども、その専門性に閉じこもってしまっている。利用者さんとの関係を作ったり、それから自分たちで「仕事」としてやっているかっていうと、非常に趣味的なレベルの話が多すぎる、とぼくは思いますね。

　これからのレファレンスサービスは、書誌情報重視という基本を踏まえて、インターネット上と商用オンラインデータベース提供の書誌情報も対象として、世界、日本、地域の書誌情報をきめ細かに探索して、提供すること、また利用者が自分で図書館を使って調べることができる仕組みを整備して、利用者が自分で調べることをすすめ、それを援助する。さらに、例えば利用者が調べた結果をまとめて、発表、発信するところまで援助するなど、サービスを拡張することも考えなければならないと思います。

小林　ここ10年のレファレンスブームも、足元がおぼつかないというわけですね。いや、だからこそ本書が今また必要になっているというわけです。今日はどうもありがとうございました。

　　　　　　　　　　　　　　(2019年4月27日　於・株式会社皓星社)

参　考

東京都立中央図書館参考課相談質問・回答件数

第1表　参考課相談質問・回答件数（1988年度）

相談係（一般参考室）	60,826件	（1日平均194.3件）
社会科学室	12,331件	（1日平均39.4件）
人文科学室	16,854件	（1日平均53.8件）
自然科学室	7,326件	（1日平均23.4件）
東京室	3,583件	（1日平均11.4件）
合計	100,920件	（1日平均332.4件）

注1：1988年度の開館日は、313日。開館日には、開館して来館者に対してカウンターだけで対応していた月曜日も含まれる。開館時間は、火曜日から金曜日は、9時半から20時、土曜日、日曜日は、9時半から17時、休館日は、原則、月曜日と年末年始、祝日、特別整理日。（原則、月曜日は休館日だったが、開館している日もあり、その日は9時半から17時まで。）

注2：件数合計の内訳は、口頭　57,527件、電話　42,856件、文書537件。口頭は、カウンターなどで来館者から受けた件数。

第2表　相談係、曜日別1日平均相談質問・回答件数（口頭、電話のみ）

期間は、1988年7月から1989年6月まで

	口頭	電話	合計	参考：他室への回送件数
火曜日	96.7件	201.5件	293.3件	27.2件
水曜日	89.4件	167.5件	256.9件	24.8件
木曜日	80.4件	150.4件	230.8件	22.2件
金曜日	93.3件	159.6件	253.0件	23.1件
平日平均	90.0件	169.8件	262.1件	24.3件
土曜日	70.8件	91.3件	162.0件	13.0件
日曜日	78.8件	54.7件	133.6件	7.9件

注1：業務日誌の記載を集計した。このほか、月曜日のうち開館して口頭だけで対応している日があるが、その日の平均は、口頭61.6件だった。

注2：電話の回線数は、火曜日から金曜日の9時半から17時までは3回線で、17時から20時までは1回線、土曜日、日曜日は、2回線あるいは1回線で対応していた。

注3：「他室」は、相談係で電話を受け付けたあとで、質問内容を聞いてから、社会科学室などの他の室へ回送した数。口頭、電話の件数の外数である。電話は、交換室からすべてのものを相談係へ繋げることになっていた。社会科学室などの相談質問の受付は、相談係からの電話と、来館者からのカウンターでの受付とがあった。

注4：1日当たりの平均件数は、第1表と第2表とでは、それぞれ1年間を対象として集計、計算しているが、期間が違うために数値に違いがある。

東京都立中央図書館資料部
参考課回答事務処理基準とマニュアル

　この本が書かれた当時、東京都立中央図書館参考課では、「東京都立中央図書館資料部参考課回答事務処理基準」に基づいてサービスを提供していた。

　この基準の上位には、上位から順に示すと、「東京都立図書館条例」(昭和39年3月31日、条例第112号、改正昭和62年3月20日)、「東京都立図書館館則」(昭和62年3月20日、教育委員会規則第11号)、「東京都立図書館処理規則」(昭和62年3月20日、教育委員会規則第12号)、「東京都立中央図書館運営方針」(昭和47年3月31日、47図発第234号)があった。

　「回答事務処理基準」は、直接的には「東京都立中央図書館運営方針」の中の「基本方針」と「奉仕について」に基づいて作成されている。「基本方針」では、レファレンスサービスについて、次のように規定していた。

　　都立図書館として都民の求める広範囲な資料や情報を提供して調査・研究の援助を行うため、資料の充実をはかり参考調査図書館としての奉仕を行う。

　都立中央図書館は、「図書館の図書館」として、都内の区市町村の公立図書館に対するサービスも行っていた。来館者への貸出は行っていない。さらに、「回答事務処理基準」に基づくサービスと参考課のその他のサービス、事務を処理するために、基本的には手書きの大部なマニュアルが作られていた。

　本書が書かれた当時の、その大枠は、次のようなものであった。

1, レファレンスサービスに関わる仕事
1-1, 直接サービスに関わる仕事の処理

（1）レファレンス相談質問・回答の処理
　　（2）レファレンス相談質問の類型と回答処理
　　（3）電子メディア（CD-ROM、オンラインデータベース）の検索
1-2，間接サービスに関わる仕事の処理
　　（1）レファレンスブックの収集とコレクションの構築
　　（2）レファレンスコレクションの組織化
　　（3）書誌索引類作成マニュアル
2，レファレンスサービス以外の仕事の処理
2-1，一般的な仕事の処理
　　（1）予算、決算
　　（2）物品管理等
　　（3）そのほか
2-2，資料管理、その他の仕事の処理
　　（1）協力貸出
　　（2）書庫出納
　　（3）複写・写真撮影
　　（4）資料管理
　　①資料の受入
　　②特別整理
　　③蔵書整備
　　（5）広報
　　（6）連絡調整
　　（7）専門的情報・資料所蔵機関
　　（8）研修

　このうち、1-1（1）レファレンス相談質問・回答の処理の最初の質問の受付の部分を紹介しておきたい。本書に書かれている内容にもっとも密接に関係するところである。まず「基準」から。

東京都立中央図書館資料部参考課回答事務処理基準

(昭和59年6月26日　59中資参第51号)

(目的)

1, この基準は、東京都立中央図書館資料部参考課における参考調査事務のうち、回答事務処理について必要な事項を定める。

(回答事務)

2, この基準において回答事務とは、図書館に寄せられる質問について、図書館の資料と機能を活用して質問者に援助を与えることをいう。

(質問を寄せることのできるもの)

3, 質問を寄せることのできるものは、館則第5条に規定する館を利用できる者および都内公立図書館等とする。

(回答事務の原則)

4, 回答事務は、資料を提供することを原則とする。質問者にかわって調査研究を行うこと、および問題の解答そのものを作成することは行わない。ただし、軽微な質問であって適正な資料の裏付けのある場合には解答を与えることができる。

(回答事務の範囲)

5, 回答事務の範囲は、次の各号に掲げるものとする。

　(1) 質問事項に関する資料の紹介
　(2) 資料の所蔵または所在調査
　(3) 書誌的事項(編著者、書名、出版関係事項等)の調査
　(4) 簡易な事実調査
　(5) 専門的調査機関等についての情報の提供
　(6) 利用案内(目録・書誌・参考図書の利用法、情報探索援助等)

(禁止・制限事項)

6, 次の各号に該当する質問は受け付けない。

　(1) 病気の診断や治療について判断を必要とする問題

　(2) 法律相談

　(3) 人生案内または身上相談

　(4) 図書の購入売却の斡旋仲介

　(5) 個人の生命、名誉、財産等に損害を与え、または社会に直接悪影響をおよぼすとみられる問題

7, 次の各号に該当する質問には解答を与えないとともに、資料の提供も慎重に行う。

　(1) 仮定または将来の予想に属する問題

　(2) 古書、古文書、美術品等の鑑定および市場価格調査

　(3) 系図等の作成

　(4) 良書の推薦

　(5) 学習課題の解答および論文の作成

　(6) 懸賞問題の解答

　(7) 計算問題の解答

　(8) 資料の解読・注釈・翻訳・抜粋の作成

(回答事務の組織)

8, 回答事務は、参考課の一般参考室、人文科学室、社会科学室、自然科学室、東京室、視聴覚室、特別文庫室の各室で行う。

　(質問の受付)

9, 質問の受付は口頭、電話、文書によって行う。

　電話および文書による質問の受付は、一般参考室が行う。

(電話および文書による回答の制限)

10, 次の各号に該当する質問については、原則として電話および文書による回答は行わず、質問者に対し来館を勧める。

　(1) 複雑な数字を含む事項

(2) ものの形、色彩等の写真・図版による説明

(3) 楽譜、棋譜の類

(4) 各種の書式類

(5) 長文にわたる資料の読み上げまたはその筆写

(6) その他電話および文書では回答しがたい、もしくは誤りの生じやすい事項

(多くの労力・時間を要する質問の処理)

11. 特に労力・時間を要する調査または文献目録等の作成については、回答をことわることができる。

(記録・統計)

12. 回答事務改善に役立てるために、回答事務の記録、統計を作成する。方法については、別に定める。

東京都立中央図書館資料部参考課
一般参考室回答事務処理マニュアル

（カウンター・電話の質問受付部分）

1，質問の受付
　（1）接遇上の一般的な注意
　　　①正しくわかりやすく感じよく話す。
　　　②相手にわかる言葉で話す。
　　　③いつも明るく。
　　　④聞き上手であること。
　　　⑤あいづちとつなぎを適切に。
　　　⑥必要以上に丁寧にならないこと。
　　　⑦必要以上に引き延ばさないこと。
　　　特に、カウンターについたときの一般的な注意。
　　　①係員は館を代表して利用者に接していることを自覚し、利用者に接する。
　　　②いつでも質問に応じられるようにしている。
　　　③面倒がるようなそぶりや冷淡な様子はみせない。
　　　④誰とでも公平な態度で接する。
　　　⑤請求票や図書の受け渡しするときは、必ず利用者の顔を見て「お待たせしました」とひと声かける。
　　　⑥苦情を受けたときは、利用者のペースに巻き込まれないように、かつ利用者の立場を考えて冷静に対処する。収拾がつかない場合は、室の責任者か参考課長まで連絡すること。
　（2）言葉の使い方の注意
　　　言葉の使い方は、特に注意したい。相手に失礼にならない程度の敬語は、自然に使えるようにしておきたい。

自分のこと（わたくし、わたし）
自分の図書館（わたしどもの図書館）
応対の相手（あなたさま、おたくさま、あなた）
応対の相手の自宅（お宅、ご自宅）
第三者（どちらさま、どなたさま）
〜します（〜いたします、〜させていただきます）
〜と言います（〜と申します）
〜と言いましたか（〜とおっしゃいましたか）
〜はできません（〜はいたしかねます）
すみません（申し訳ございません）
待ってください（少々［しばらく］お待ちください）
言っておきます（申し伝えます）
そうです（さようでございます）
知りません（存じません）
わかりました（承知しました、かしこまりました）
ではまた、さようなら（失礼いたします）
(3) カウンターでの質問の受付など
 ①質問の受付
  a, 質問の要点をすばやくかつ的確に把握して、メモすること。
  b, 質問の内容に即して、調査をする上で必要な事項を利用者と応答で確認する。その際、利用者のプライバシーには十分注意する。
  c, 他の主題室が受け付ける範囲の質問は、分類コードを確認して、当該の室に案内する。
 ②交代、引継ぎ
  a, 交代者は、交代時刻の5分前に所定の場所に行き、引継ぎを受ける。
  b, 調査途中で交代しなくてはならないときは、質問内容を記

録したものと調査過程のメモを交代者に渡し、引継いでもらう。
③調査の途中で声をかけられたとき
　a,調査の途中で他の利用者に声をかけられたとき、簡単に内容を聞き、書架案内、目録検索など簡単なものについては、その場で回答するが、調査を必要とするものについては、目録など役立つと思われるものを見ながら待つように伝える。調査が済み次第、声をかけて質問内容について詳しく聞く。
④カウンターでのコンピュータによる検索
　a,質問の内容によって係員が検索した方が良いと判断されるもの、また、利用者から要請があった場合、係員が検索を行う。
　b,適切な結果が得られたら、通覧画面を見てもらい、必要に応じて書誌詳細、所蔵詳細の画面を見てもらう。必要ならメモをとってもらう。
⑤高齢者など図書館の利用に不慣れな利用者への援助
　a,高齢者など不慣れな利用者については、カード・ケースまで一緒について行って、検索の仕方を案内しながら、一緒に検索をする。また、コンピュータの端末の操作なども同様に、検索の仕方を案内しながら、一緒に検索をする。
　b,忙しいときは、室内から応援を求める。
(4) 電話での質問の受付など
①電話での質問の受付
　a,ベルが鳴ったら、受話器をとって「はい、相談係です」と答える。
　b,質問事項を復唱しながら簡潔にメモし、質問の要点を確かめる。
　c, 受付を終わり、調査に移るとき、「しばらくお待ちくださ

い」と言ってから、受話器をおいて、調査に入る。長くかかりそうなときは、あらかじめ少し時間がかかると断る。それではまた電話をかけると、利用者が申し出た場合、時間を指定して、その時間に電話をかけるようにお願いする。なお、電話がどんどん入っていて、受話器をおいたらすぐにかかってきてしまう状態では、少々時間がかかりそうな場合でも、「しばらくお待ちください」と言って調査を行う。調査に時間がかかっている場合、途中で一度「もうしばらくお待ちください」と伝える。これは、あいている人が「いまお調べしてますので、もうしばらくお待ちください」と伝える場合もある。

②簡単にわかりそうな質問について

a, 数分で回答できると思われる質問については、質問者の了解をとって、電話を切らずに調査する。再び電話にでるときは、「大変お待たせしました」と言ってから、会話に入る。回答に際しては、使用した資料名を必ず伝える（所蔵調査などの場合も、端末で確認したとか、カードで確認したとか、確認したツールを伝える）。

③時間がかかりそうな質問

a, 時間がかかりそうな質問は、時間を指定してもう一度かけなおしてもらう。

b, ただし、調査時間は1時間を限度とする。いくらでもいいという利用者には、「1時間以上お調べできません」と伝える。納得しない利用者には、質問の電話が、常に入っていることを伝える。なお、「時間がかかりそうな」というのは、5分以上を指す。また、もう一度かけなおしてもらうときは、時間を指定する。その日の電話が入ってくる状況によって、こちらから指定する。

c, その際、下記の点について、もう一度確かめる。
　　　・問題の出典は何か。
　　　・利用者はどの程度それについて調べているか。
　　　・すでに分かっていることは何か。
　　　・最終的に、何をどの程度まで知りたいのか。
④来館を促すべきもの
　下記の項目については電話では伝えにくいので、利用者に直接来館して見てもらうように伝える。ただし、紹介した資料が百科事典などどこにでもあるもののような場合、利用者に近くの公立図書館を紹介する。
　a, 統計そのほか複雑な数字を含む説明。
　b, ものの形、色彩などの写真、図版による説明。
　c, 楽譜、棋譜の類。
　d, 各種の書式類。
　e, 長文にわたる資料の読み上げ。
　f, そのほか、電話で回答しがたい、もしくは誤りを生じやすい事項。
⑤質問の数の制限
　a, 質問の数は、おおむね5つまでとする。それ以上は、来館して自分が調べるように勧める。ただし、字の読みについては10まで応じてもいい。これらの制限をこえるものには、次のものがある。
　　・速記などをやっている人で、たくさんの質問を次々と聞いているような場合。
　　・ひとつの質問に関連して次々と聞いてくるような場合。
　　・一度に10以上の読みを聞いてくる場合（点訳奉仕者の人からの場合は、別に考慮する）
⑥区市町村立図書館に対するサービス

a, 数分で処理できるものは直ちに回答するが、時間のかかりそうなものは、いったん電話を切って調査が終わった後、こちらから電話をする。いったん切ってから主題室に回送する場合、質問の内容、制限時間、図書館名、担当者名を主題室に伝える。
　　b, 協力貸出の申込みがあった図書については、所蔵の有無にかかわらずすべて協力係へ回送する。ただし、土曜日の午後、日曜日は協力係は休みなので、受け付ける。
　　c, レファレンスの結果、協力貸出を希望された図書については、平日でも参考課各室が受け付ける。
⑦主題室へ回す場合
　　a, 主題室へ回す場合、主題室に電話で質問内容を伝えて、了解をとってから回すようにする。利用者には、その旨伝えて、出た者にもう一度質問を繰り返すように伝えたあと、交換台を呼んで室名を告げて回してもらう。
　　b, 当室で長く待たせてしまった場合、主題室へ回さず、いったん切って、再度、電話をかけてもらう。その間に主題室へ調査を依頼する。この場合、利用者に質問内容をもう一度確認する。
⑧質問がいくつかの主題室にまたがる場合
　　a, 質問が、いくつかの主題室にまたがる場合、関連する各主題室に電話をかけて調べてもらい、それをまとめて回答する。各主題室で調べてもらった結果、相談係で答えるより、主題室で答える方が、適切な内容の回答ができることがわかった場合、当該の主題室にまかせる。
　　b, 主題室に調査を依頼するときは、調査時間を「何時までにお願いします」と、はっきりと伝える。また、質問の内容、調べた範囲などを正確に伝える。

質問内容により、新聞、雑誌の資料に当たる必要があるときは、その主題室に新聞、雑誌の調査も依頼する。
⑨明らかにその事項について詳しい人がいる場合
　a, 明らかにその事項について詳しい人がいて、難しくてわからないものは、その人にまかせてもいい。
⑩引継
　a, 質問を受けた者は、電話担当終了時に引継ぎをする。特に、再度電話してもらうように伝えたものについては、受付時間、電話がかかる時刻、質問内容、調査過程、回答内容などをメモして、引き継ぐ。
⑪現物確認の必要のあるもの
　a, 所蔵調査の際、現物確認の必要があるときは、利用者に請求記号をメモしてもらって、その資料を持っている主題室へ電話を回す。

　なお、口頭、電話による相談質問の受付のほかに、文書による相談質問の受付もあった。これは、受付担当を決めておいて、その担当者が受付、処理することになっていた。文書による相談質問に対する、調査と具体的な回答の作成は、係員が順番に行っていた。主題室に送付するものは、質問内容を主題室に伝えて、主題室で調べてもらえることを確認してから、送付した。

　調査方法に関するマニュアルは、調査全般、カードの引き方、OPACの検索方法、所蔵調査、書誌的事項の調査、事実調査、文献調査など、それぞれに作られていた。書誌索引の作成に関しては、1976年に「参考課書誌索引カード作成基準」東京都立中央図書館参考課／編（東京都立中央図書館参考課、1976年6月）が印刷物として作られていた。これは順次改訂されていた。

東京都立中央図書館の
レファレンスサービス関連図書・論文等

凡例

1，東京都立中央図書館のレファレンスサービスに関する文献を対象として、本書に書かれた1987年から88年を中心に、都立中央図書館の建設時（1970年頃）から1990年代までのものを対象とした。
2，書誌情報は、図書は原則、書名、著者名、出版社、出版年、雑誌記事・論文は原則、タイトル、著者名、掲載雑誌名、巻号あるいは通号、年月日、ページ、とした。
3，見出しは特に立てなかったが、かわりに文章中、ゴチックでそれにかわるものを示した。
4，項末に「補　大串夏身著のレファレンスサービス関係おもな図書一覧」を付した。

　本書に書かれた当時の東京都立中央図書館の参考調査（レファレンス・サービス）について、理解を深めるために、関係する論文等を紹介しておきたい。
　まず、図書としては、『レファレンス・サービス：実践とその分析』大串夏身著（青弓社、1993年）がある。これは、月に1日、その日に受付けた相談質問全件の内容と調査過程、回答を記録してとりまとめた「事例集」と条例・規則、サービス方針、マニュアルなどに基づいて、サービスの分析を行ったもので、その中心は本書に書いた相談質問・調査・回答である。本書に書かれたサービスの実際を理解するために役立つものである。
　参考課のレファンス・サービス全般に関する雑誌記事・論文につ

いては、「日比谷図書館におけるレファレンス・ワークの諸問題」八里正（「ひびや」第96号、1969年10月、p.72-76）、「公共図書館のレファレンス・ワークの方向」長澤雅男（「ひびや」第106号、1972年3月、p.112-119）、「東京都立中央図書館のレファレンスサービス(事例紹介)」清水 正三（「教育と情報」第207号、1975年6月、p.44-50）（清水正三は、日本の図書館界のリーダーの一人で、当時、資料部長だった）、「参考課におけるレファレンスの当面する問題とその対策」東京都立中央図書館編（「東京都立中央図書館研究紀要」第12号、昭和55年度、1981年3月、p.1-34）、「付録 主題別閲覧制の今後の検討」畑聡一郎（「東京都立中央図書館研究紀要」第12号、1981年3月、p.35-37）、「自然科学室運営方針策定への試み―利用者アンケート調査を中心にして」二階健次（「東京都立中央図書館研究紀要」第14・15号合併号昭和58年度、1984年3月、p.1-50）、「第一線図書館から見た都立中央図書館のレファレンスをめぐる諸問題(レファレンスを身近に〈特集〉)」矢野暉雄（「みんなの図書館」第118号、1987年3月、p.29-38）、「事例発表 東京都図書館のレファレンス―現状と課題(これからの公共図書館の参考事務のあり方を探る(参考事務分科会研究集会))」山田英雄（「全国公共図書館研究集会報告書」1996、1996年、p.48-50）（山田英雄は、私と同期で「相談日記」当時同室だった。宍戸寛相談係長（後に、現在の文化学園大学教授）のもとで膨大なマニュアルのとりまとめに当たった一人）がある。ただ、参考課作成のマニュアルは印刷物にはならなかった。

　専門職としての司書の育成については、『東京都立中央図書館の専門職員の養成に関する答申』東京都立日比谷図書館編（東京都立日比谷図書館、1971）がある。実際の現場では、新任職員については、日比谷図書館と大田区立大田図書館での実務研修があった。参考課では、相談質問類型別に全部で100題の問題が与えられて、

調査して回答を提出するように指導された。時間も書くようになっており、最初提出したとき、先輩職員から「こんなに時間がかかってどうするんだ、サービスにならないよ。こんな問題は3分でやるんだ」と言われて、愕然としたというより、唖然とした記憶がある。

相談質問・回答に関わるものとしては、「レファレンス事例集―作成の経緯とその課題」林英明（「東京都立中央図書館研究紀要」第14・15号合併号昭和58年度、1984年3月、p.51-97）、「参考課レファレンス事例集　昭和55年9月25日、12月18日実施分」東京都立中央図書館参考課一般参考室（「ひびや」第131号、1982年1月、p.43-66）、『東京都立中央図書館レファレンス事例集』東京都立中央図書館資料部参考課事例集担当者会編（東京都立中央図書館、1994年）がある。

調査の過程で、利用者が言う書名などの曖昧さを具体的に分析したものには、「所蔵・所在調査における書名の不安定性」薬袋秀樹（「図書館評論」第20号、1979年9月、p.17-27）がある。調査方法については、「文献検索法私論―参考図書の利用をめぐって」後藤大志郎（「東京都立中央図書館研究紀要」第8号、1976年、p.2-31）がある。調査方法のマニュアルは、参考課各室で作っていた。
注：本書に書かれた時期からは、大分後になるが、「都立中央図書館・新世紀のレファレンスサービス―印刷資料と電子資料の共用を目指して（平成13年度事例分析プロジェクト報告書）」池田祥子、奥村和子、川田淳子（「東京都立中央図書館研究紀要」第32号、2002年、p.1-50、巻頭3p.1～9）がある。これに関連して、「質問事例に見る都立中央図書館レファレンス・サービスの変化」池田祥子（「三田図書館・情報学会研究大会発表論文集」2001、2001年、p.33-36）もある。

利用者アンケートには、「公共図書館における「医学」部門の利用状況　東京都立中央図書館自然科学室利用アンケート調査によ

る」二階健次、(「医学図書館」第33巻第1号、1986年、p.66-74)があり、「「都立中央図書館を利用する大学生に対するアンケート」調査について(中間報告)」三瓶邦彦(「図書館雑誌」第75巻第3号、1981年3月、p.128-129 は、参考課もふくむ図書館の利用について行ったものである。

　サービスは、直接利用者に接してサービスをするのと同等のサービス、つまりレファレンスコレクションを構築したり、書誌索引類を作ったり、調査方法等のマニュアルを作成したりする仕事もサービスの一環として捉えていたが、その中でも特に力点を入れていたのが書誌索引類の作成である。書誌索引類は、目録カードやコンピュータでの検索では分からない、本の中の情報を迅速に探し出すためのツールで、これは現在でもその重要性は変わらない。最近もある図書館の利用者アンケートの中に、図書館員に聞くとコンピュータの検索などでは分からない資料などを紹介してもらえる、ということが書かれていたが、これは図書館員によるサービスの特色の一つだ。

　マニュアルには、印刷物として、『参考課書誌索引カード作成基準』東京都立中央図書館参考課編(東京都立中央図書館参考課、1976年)がある。これは順次改訂され、作成する種類も増えて行った。仕事として参考課で認められる前には、「試行」として取り組まれていたものもある。それらを含めると70種くらいの書誌索引類が作られていたのではないだろうか。『東京都立中央図書館資料部参考課書誌作成作業マニュアル』東京都立中央図書館資料部参考課編(東京都立中央図書館、1994年)は、改訂版。

　論文としては、「参考業務の一環とし速報的主題誌の作成」加藤清(「ひびや」第113号、1974年1月、p.130)、「都立中央図書館の書誌活動」今津秀樹(「ひびや」第130号、1980年3月、p.58-63)、「東京都立中央図書館蔵地方史誌関係図書目録(書誌索引事

例）」畑聡一郎（「書誌索引展望」第 9 巻第 4 号、1985 年 11 月、p.29-31）、「東京都立中央図書館における補助ツールの活用（資料・情報検索のツール〈特集〉）」勝又美佐子（「現代の図書館」第 23 巻第 4 号、1985 年 12 月、p.203-209、239）がある。

　作成していた書誌索引類のうち、印刷物になっているものとしては、選挙制度、住民運動、書誌目録、合集収載翻訳文学索引、団体史目録、地図目録、東京関係図書目録、地方史誌関係図書目録、西洋美術全集絵画索引、西洋個人画集索引、逐次刊行物総目次・総索引、朝鮮語図書目録、東京資料目録、外国地図目録などがあった。

　東京都立中央図書館が作成している書誌索引類を含む、その他の事例も参照して論じている論文としては、「都道府県立図書館における書誌作成と協力体制」薬袋秀樹（「現代の図書館」第 18 巻第 1 号、1980 年 3 月、p.1-4）、「大規模公共図書館による書誌作成の課題と展望（Ⅰ）都立中央図書館の事例を中心に―中小図書館のための書誌の充実をめざして」薬袋秀樹（「みんなの図書館」第 61 号、1982 年 5 月、p.30-45）、「図書館にとって書誌とは（使いやすい目録〈特集〉）」八里正（「みんなの図書館」第 76 号、1983 年 9 月、p.12-17）がある。

　このほか、「ひびや」「研究紀要」には参考課の書誌作成の報告や作成書誌の実例が散見される。

　調査の段階で、都立中央図書館には資料が十分でなく、他の専門的な資料・情報機関を紹介するサービスも行っていた。そのために、印刷物として、『類縁機関名簿 1977 年版』東京都立中央図書館編（東京都立中央図書館、1977 年）、『専門情報機関案内 東京版』東京都立中央図書館編（日本図書館協会、1978 年）、『類縁機関名簿 1985 年版』東京都立中央図書館編（東京都立中央図書館、1985 年）がある。これらは、室員が手分けして、個々の機関を訪問して趣旨を話し、賛同してくれた機関について、名称、所在、連絡先、所蔵

資料・情報の概要、利用者を案内する条件、サービスの概要等について書いたカードを作り、これらをまとめて印刷物としたものである。

レファレンスサービスに関連したサービスとして複写サービスがある。それについては、「東京都立中央図書館の試み（著作権保護とコピーサービス〈特集〉）」桑名みちる（「みんなの図書館」第130号、1988年3月、p.23-25）がある。

関連として、図書館の条例・規定集には、1987-88当時のものとしては、『東京都立中央図書館及び日比谷図書館例規集』東京都立中央図書館［編］（東京都立中央図書館、1988年）がある。また、相談質問・回答サービスに直接関わる規程については、やや後になるが「「東京都立図書館情報サービス規程」の策定（サービス部門の動向）」東京都立中央図書館情報サービス課（「ひびや」第149号、1999年11月、p.73-78）がある。

さらに、東京都立中央図書館のサービス方針、職員の研修などは、建設段階からの図書館協議会の答申や検討組織・委員会の報告などがあるので参照されたい。

補　大串夏身著のレファレンスサービス関係 おもな図書一覧

凡例

テキスト類は除いた。必要なものは、簡単なコメントを付けた。書誌情報は、原則、書名、著者名、出版社、出版年の順、配列は古い順である。

『江戸・東京学研究文献案内』大串夏身、江戸・東京資料研究会編（青弓社、1991年）（これは、参考課に勤務したときに、優れた

先輩図書館員だった波多野賢一が作成した『研究調査参考文献総覧』（朝日書房、1934年）を読んで感動して、これにならって、江戸・東京版を作りたいと思って挑戦したもの。波多野は、残念なことに1943年結核で早くなくなったと聞いている。これに続いて『江戸・東京学雑誌論文総覧』（青弓社、1994年）をまとめ、「書誌索引展望」第16巻2号（1992年5月）に「『江戸・東京学研究文献案内』を編集して」を書いている。）

『チャート式情報・文献アクセスガイド』大串夏身著（青弓社、1992年）（勤め始めて「こんな問題は3分でやるんだ」という先輩司書の言葉に衝撃を受け、以後いかに迅速に求める資料・情報に接近するかというのが、テーマのひとつとなった。その試みの一つで、探究の流れをチャートにして案内するという試み。今ひとつの試みの構想は、時間がかかる調査は、制限時間（相談係では1時間）が来たら「調べ方の案内」に切り替え終了させるということになっていた。その時、より利用者に分かりやすく案内するために、調べ方の案内をテーマ別に作成するというものだったが、これは、国立国会図書館の「調べ方案内」の取り組みがはじまり、またアメリカのパスファインダーの紹介本が出たので、実現しなかった。）

『レファレンス・サービス：実践とその分析』大串夏身著（青弓社、1993年）

『ある図書館相談係の日記：都立中央図書館相談係の記録』大串夏身著（日外アソシエーツ、1994年）（これは本書のもとになった本、どういう訳か、分析をした本よりあとに出ている。書いたのは、1989年なので、原稿が出来てから5年後になって出版されたことになる。）

『インターネット時代の情報探索術』大串夏身著（青弓社、1997年）（1995年、「Windows95」が1995年秋に秋葉原で発売されてから日本でもインターネットが急速に普及した。その状況をふまえて

書いた。)

『情報を探す技術捨てる技術:情報の達人になるための極意』大串夏身著(ダイヤモンド社、1998年)(これは、ダイヤモンド社でも力を入れてくれて、表紙には大串の人形を作って、それを撮影したものを使っている。)

『文科系学生のインターネット検索術』大串夏身著(青弓社、2001年)

『企画のための情報収集ハンドブック』[大串夏身]著(産業能率大学、[2003年])(ビジネス情報の収集方法を体系的に書いたもの。地域の課題解決支援サービスの実践を促す意図でも書いた。)

『文科系学生の情報術』大串夏身著(青弓社、2004年)

『チャート式情報アクセスガイド』大串夏身著(青弓社、2006年)(これは、1992年に出したもの改訂版)

『インターネット時代のレファレンス:実践・サービスの基本から展開まで』大串夏身、田中均共著(日外アソシエーツ、2010年)

なお、小林昌樹氏との対談でふれたテーマに関する調べ方については、『図書館の学校』(のち『あうる』と名称変更)に第70号(2006年4・5月)から35回にわたって「チャートで考えるレファレンスツールの活用」として連載した。残念なことに、これは本にはならなかった。

書誌索引類で出版したものには、『東京府・市二次統計書データベース』東京都江戸東京博物館都市歴史研究室編(東京都江戸東京博物館、2003年、CD-ROM(テキストデータ))がある。これは、江戸東京博物館で非常勤研究員だった時に作成したもの。監修したものとしては、ゆまに書房から書誌書目シリーズ40として『都市問題文献書誌』全30巻(1996-1997年)、同シリーズ45として『大橋図書館蔵書目録』全5巻(1997年)がある。後者は明治40年から大正元年にかけて出版された蔵書目録を復刻したもの。そ

れぞれ最終巻に「東京市政調査会の調査活動と書誌作成に関する考察」、「大橋図書館の書誌活動と蔵書目録」を書いている。さらに、録音映像［映像資料］として『図書館の達人1司書実務編 レファレンス・サービス』（紀伊國屋書店、1995年、ビデオカセット1巻、カラー ステレオ27分）がある。（これは企画監修、総監督をつとめて作成したもの。この中で、3人の司書役の俳優がそれぞれに経験した相談質問事例について独白するところがあるが、3つとも「相談日記」の中から取った。これは2009年にDVDとして出した『図書館の達人 司書実務編．1レファレンス』（紀伊國屋書店，［2009］）に再収録した。作成はともにポルケ。

索引

この索引は「はじめに―相談係の1日」「ある図書館相談係の日記」からレファレンス担当に役立ちそうな事柄を対象として内容に即したキーワードで作成しており、索引語は本文内の用語とは必ずしも一致しない。そのため、日記部分についてはページ番号ではなく日付と番号によって索引語の該当箇所を示した。　（索引作成　小林昌樹）

例：9/2 電①＝9月2日電話①
　9/3＝9月3日の冒頭
　1/29 ●＝1月29日の末尾

【あ】

ILL……10/27 電⑤
ILL 中……9/27 電①, 1/18 電①, 1/31 電②
新しいテーマ……12/8 電③
あたりを付ける……9/29 カ①
あてにならない索引……10/4 電⑦
あとで気がつく（ほかのことを調べていて）……11/8 カ①
謝ること……9/24 カ①
「有栖川の母」→代行（親が）
あるはずという回答……10/22 電①
意外と役に立つ参考図書……1/9
意外と持っていない参考図書……9/28 電④
意外なものがある……9/29 ①
意識調査……9/8 ②
忙しい時……10/24 カ①, 10/27 電⑦
急がばまわれ……10/29 電②, 11/1 電⑤, 11/9 電⑥
いつ頃出たのか聞く……10/26 カ⑧
行ったことがある他館の紹介……11/24 電③
岩波新書のわかりやすさ……1/24 電④

隠語……10/23 カ②
迂遠な質問……11/29 電③
打ち合わせ（朝の）……p3
NDC のケタ数……1/12 カ①
旺文社文庫……11/15 電③
遅番……p3

【か】

カードの引き方……9/3 カ, 9/17 カ②
カード排列規則……10/21 カ②
カードボックス……12/7 電
カードボックスを引き抜く…11/16 電④
カード目録とコンピュータ目録の比較……11/15 電⑤
外国人……10/21 カ④
外国人名……10/20 カ⑤, 10/27 電⑩
会社録……10/20 カ②
概説書……1/10 電④
ガイダンス（大学生向け）……12/9 カ
各巻書名……9/29 電①, 10/18 電⑤, 11/19 電①
学際的なテーマ……10/23 カ②
学生に対する姿勢……9/17 カ②, 10/4 カ② 10/20 カ⑧, 11/7 カ, 11/19 電②, 12/9

カ, 1/28 カ②, 1/31 電①
かけ合わせ検索……10/4 電⑥, 10/24 電①, 1/13 カ④
家族調査……11/22 電⑨
学会誌……1/24 電①
漢字（思い浮かばない）……9/27 電①
漢字の誤表記……11/9 電⑦
館内のやかましさ……11/9 電⑧, 1/23 カ
キーワード……10/24 カ②, 10/26 カ⑦, 12/8 電③
記憶違い（利用者の）……9/14 カ①
記憶できる本の数……p3
記憶で答えてはいけない……10/26 電
休館前日……12/27
休館日（国会図書館の）……9/28 電①, 1/25
休館日（日比谷図書館の）……10/4
休館翌日……9/2
紀要……12/9 カ
業界新聞……11/22 電④
業者……1/25 電②
協力貸し出し→ILL
切りとり……1/11 電④
クイズ番組……p7
苦情→クレーム
クレーム……10/4 カ②, 10/22電①, 10/22 電②, 10/27, 11/12
クレーム（他利用者への）……10/30
クロスレファレンスの原則……10/27 電⑨
欠号……9/24 カ①
研究活動（休暇で）……1/28
研究所……11/22 電⑧
検索結果一覧……1/21 電②
検索ミス（利用者の）……10/19 カ①
現代語訳……1/11 電③
原綴り……9/3 電①, 9/14 電③
現物を見た方が早い場合……11/16 電①
件名がない……10/24 カ②, 10/26 カ⑦, 12/8 電③

工業デザイン……11/29 電①
高校生からの電話……11/22 電⑦
項目の見方（参考図書の）……10/26カ③
『国書総目録』……9/28 電④
『国書総目録』に出ていない本……10/21 カ③
国葬……9/21 カ①
国立国会図書館→国会図書館
誤植……10/27 電⑨
答えられない質問……10/27 電④, 12/22 電①, 1/18 電①
国会図書館での雑誌の利用の仕方を案内……11/22 電⑧
コピー……12/27 カ③
コピー（半分まで）……12/22 電①
コピー代の苦情……10/27, 1/25 電②
コピー担当（他館の）……11/24 電③
コピー待ち……9/17 電⑤
特殊部落地名総鑑……10/27 電④
コンピュータ……11/1 電③

【さ】

最近話題となった本……1/10 電⑤
最新刊の展示……1/13 電
最新版（参考図書の）……1/12 カ②
索引（絵画の）……9/7
作品論……12/9 カ, 1/28 カ①
雑音（電話の）……12/9 電②
雑学……9/22 カ①
雑誌（洋書の）……11/12 カ①
『雑誌記事索引』……1/13 カ⑥
雑誌記事索引（大宅壮一文庫）……9/8 カ①
『雑誌記事索引』累積版……12/9 カ
雑誌社まわり……10/26 カ①
雑誌の所蔵……9/17 カ②, 9/24 カ②
雑誌名の省略……11/7 カ
参考図書相互の連携……11/28 カ

参考文献……9/14 カ②, 12/23
参照リスト……12/8 電③
残念さ（司書の）……9/2 電③
仕方がないと思う（利用者が）……11/24 カ
自館作成ツール……12/7 電
静かにするように注意……11/9 電⑧
失敗（他館の）……9/13 電③, 9/17 カ①, 9/17 電④, 9/28 電③, 10/20 電, 10/29 電②
失敗（繁忙による）……11/1 電⑦
失敗（レファレンスの）……10/18 カ②
質問記録表（カード）……9/17 カ②
質問に対するイメージ……10/24 カ②
質問を忘れる……10/24 カ①
事物起原……9/22 カ①, 10/26 電
社会人……12/27 カ③
社会人の大学図書館利用……1/24 カ①
住宅地図……9/28 電①, 1/12 電①, 1/25 電②
縮刷版（朝日新聞）……9/21
主題検索……12/8 電③
主題室制……12/9 カ
出典の確認……9/27 電②
出版企画（利用者の）……9/7 カ②
出版年……10/26 カ⑧
上司を出せ……10/27, 11/12
昭和天皇→天皇
書架……1/21 カ
職員休憩室……p5
『職員録』……10/18 電③
書庫から持って来る……10/21 カ④
書庫を特別に見せる……10/23 ③
書誌記述の不備……12/23
書誌事項の読み方……1/28 カ①
初歩的なこと……10/23 カ③
書名カード……10/26 カ⑧, 11/1 電③
書名カードの読み……9/17 電④
書名中キーワード→キーワード
書名中のコトバ→キーワード

書名の読み……1/26 電①
資料請求カードの代筆……10/30
事例採録の日……10/20
人事異動……1/31 ●
紳士録……11/22 電⑤
親切さ（職員の）……9/8 電①
人物索引カード……10/4 カ⑨
人物文献……9/17 カ①, 9/21 カ②, 10/4 カ①, 電③, 10/18 電②, 10/29 電③, 11/9 電③
新聞記事（前後の）……10/26 カ⑥
新聞雑誌室の午前中閉鎖……10/27 電⑥
新聞社から電話……9/27 電⑤
新聞所蔵……10/22 電②
新聞の切り抜き……9/29 電④
出納制限……9/20 電②
出納停止時間……9/24 カ①, 9/25, 9/28 カ①
すぐにまわす／まわさない……1/29 電⑧
スペル→原綴り
スポーツ紙……1/25 電③
整架（朝の）……p3
請求記号……12/8 電②, 1/21 カ
製本中……9/27 電①, 1/31 電②
整理の遅れ→滞貨（整理の）
整理中→未整理
責任者を出せ→上司を出せ
セルフ調査……9/13 電①, 9/27 カ②, 10/20 カ④
戦時買い上げ図書……11/12 電
専門家特有の失敗……10/23 電②
総合目録（洋書の）……1/29 電①
想像できるコトバ……10/24 カ②
総目次（雑誌の）……9/20 電②, 9/28 カ①, 10/21 カ②
祖先調べ……10/26 カ④

【た】

大学の宿題……9/14 カ②
退館をうながす放送……p7
代行（親が）……11/19 電③
代替要求（利用者による）……9/3 電②
他館からの質問……10/4 電②
他館での調べ方……10/20 カ③
地図の著作権……1/12 電①
地方紙……10/27 電③, 11/24 電④, 1/21 電③
地方新聞→地方紙
中間一致検索……9/24 電②, 10/19 電②, 11/1 電③, 1/25 ①
注記……p6
長音……1/10 電④
長音表記……11/19 電①
調査もの……11/24 カ
直訳調の題……9/2 電①
著作権の運用……10/27
著作権法……12/22 電①
著作者の許可……10/27
著者名カード……9/3 カ
著者名検索……1/28 カ②
著者名典拠……11/9 電④
ツキ……11/1 電②
TRC マーク……11/19 電①
テレビ……p5
伝記……12/7 カ
天皇……p10, 9/28 電②, 9/29 電③, 10/4 電⑩, 11/15 電④
天皇の崩御……9/21
電話（補助の）……9/22 電①
電話交換手……10/24 カ①, 12/8 電②
電話帳……11/1 電④
電話の回付ミス……10/4 電②
電話のかけ直し……9/14 電⑥, 9/17 電①, 11/1 電⑦
電話の聞き違い……10/19 電②, 1/10 電①
東急線沿線の利用者……9/29 電⑤
統計索引……10/19 電②
同僚のヒント……10/24 カ①, 1/27 電
遠くからの電話……9/17 電⑥
特殊コレクション……9/29 カ①
特定の事項について……12/8 電③
特別な扱い……10/23 カ③
滞貨（整理の）……9/2 電③, 10/18
切り取り……1/16 カ③

【な】

ないことの確認……1/11 電③
ないという回答……9/27 電⑥
内容細目……9/2 電②, 9/25 電②, 10/4 電⑤, 10/24 カ③, 11/15 電①⑤
納得（利用者の）……11/24 カ
名乗らないこと（職員が）……9/30 電⑤
２室にまたがる事項……11/16 電③
『日本の参考図書』……9/20 電②
"日本"の読み……1/16 カ①
値段（本の）……9/30 電⑤
年鑑（雑誌扱い）……9/30 電④
年鑑・年報類……9/3, 9/28 カ③
ノベルス……1/29 電⑥
排架ミス……9/22 カ②
旗本……10/26 カ④

【は】

早くすまそう……11/1 電⑤
流行りの質問……9/29 電③
凡例（参考図書の）……10/26 カ⑨
控え……1/21 カ
引き方（洋書目録の）……9/17 カ②
引き継ぎ……p5, 10/24 カ①
非公開館……10/22 電②

非売品……11/28 カ
百科事典に出ない……11/22 電②
昼休み……p5
ピンイン索引……11/8
フィルムライブラリー……9/8 ②
副書名の検索……1/24 電③, 1/28 電
憮然とすること……10/22 電②
不注意（職員の）……10/22 カ
物価の換算……11/24 電⑦
不得意ジャンル……10/21 電③
プライバシー……11/22 電⑨, 1/18 ①
古本屋からの紹介……1/12 電③
プロダクション→物書き
憤慨したこと（自分が）……10/24 カ①
文学館……9/24 カ②
文献的根拠……11/9 電⑦
分出カード……9/28 電③
分類カード……12/7 カ
分類確認（端末検索による）……11/8 カ②, 11/9 カ, 12/8 電③
分類番号と書名中のコトバを組み合わせる……12/8 電③
分類目録……12/23 カ①
米価……11/24 電⑦
別冊（雑誌の）……9/29 電②
編集プロダクション→物書き
『邦語文献を対象とする参考調査便覧』……9/27 カ①, 10/4 電⑦
法令資料……9/3 電②, 9/20 電②
他の職員に聞く→同僚のヒント
ポピュラーソング……10/21 電③
本題に入るまで……1/18 電④
翻訳……9/2 電①

【ま】

マーケティング……10/4 カ③, 11/12 カ②, 11/28 カ
間違いの暗示……11/24 電①

満席……12/27 カ①, 1/24, 1/29 ●
未所蔵ジャンル……11/29 電①
未刊行（シリーズの）……9/22 電⑥
未整理……10/27 電⑥, 11/22 電③, 12/8 電③
未整理本の請求……9/28 電③
無断持ち出し……1/16 カ③
名刺……10/23 カ③
名刺の要求……9/30 電⑤
名称典拠……11/15 電⑤
名簿図書館……10/27 電⑧
メモを取らない利用者……9/14 カ①
メモを取りながら聞く利用者……12/9 カ
メモを渡す……9/14 カ①
目次のコピー……9/17 電③, 9/20 電②
目録の面白さ……p6
物書き……11/8 カ①, 10/24 カ①, 10/26 電, 10/27

【や・ら・わ】

有名人……10/24 カ①
洋書……10/20 カ⑧
洋書の所蔵……11/12 電
よく聞かれる未所蔵本……9/28 電④
よく聞かれる質問……9/29 電④
読み（出土品の）……11/9 電⑦
読み（人名の）……11/9 電④
読み上げる（電話で）……10/4 電⑧
読み方（固有の）……10/23 カ②
読み方（普通の）……10/23 カ②
読み方（歴史的）……10/23 カ②
読み間違い（書名カード）……9/17 電④
落胆（利用者の）……11/24 電①
利用案内……9/13 カ③
利用者
　イライラする〜……10/24 カ①
　横柄な〜……10/22 電②
　怒る〜……9/27 電①

叱りつける〜……10/24 カ①
話したい〜……9/8 ③
迷っている〜……9/30 電⑤
耳が悪い〜……9/4 電
要注意〜……10/24 カ①
臨時増刊号……1/29 電③
礼儀（利用者の）……1/13 カ⑥
レクチャー（同僚による）……11/1 電⑦
レファレンス質問の処理時間……p11
レファレンスとは……p10

レポート作成の手引（大学の）……10/30
練習問題（図書館学の）……10/20 カ⑧
ローテーション表……p4
論文と図書との違い……9/14 ③
論文の可能性……9/27 電②
ワープロ……10/24 電②
わからないという回答……9/8 カ④
わからなかった場合……9/27 電③
"を"（"てにをは"の）……10/26 カ⑧

本書は『ある図書館相談係の日記　都立中央図書館相談係の記録』（1994, 日外アソシエーツ）を増補したものです。
p10〜161「ある図書館相談係の日記」は同書を底本とし、新たに索引を採りました。
p162〜166「文献・情報の調べ方」は底本のものをそのまま採録しました。さらに参考の「東京都立中央図書館参考課相談質問・回答件数」「東京都立中央図書館資料部参考課回答事務処理基準」「東京都立中央図書館資料部参考課一般参考室回答事務処理マニュアル（カウンター・電話の質問受付部分）」は、『レファレンス・サービス：実践とその分析』（青弓社、1993年）から転載しました。それ以外は本書のための書き下ろしです。

大串夏身
[おおぐし・なつみ]

東京都出身。早稲田大学文学部卒業後、1973年東京都立中央図書館に司書として勤務。1980年から85年財団法人特別区協議会調査部、その後、1993年東京都企画審議室調査部から昭和女子大学に勤務。現在、昭和女子大学名誉教授。文部省地域電子図書館構想検討協力者会議委員などの委員等を多数つとめる。『挑戦する図書館』(青弓社、2015年) など著作多数。

協力
小林昌樹
[こばやし・まさき]

1967年東京生まれ。1992年国立国会図書館入館。2005年からレファレンス業務に従事。2021年退官し、近代出版研究所を設立して同所長。著書に『調べる技術』(2022、皓星社) などがある。専門は図書館史、近代出版史、読書史。

レファレンスと図書館 ある図書館司書の日記

2019年11月30日　初版第1刷発行
2022年12月28日　初版第3刷発行

著　者　**大串夏身**
発行所　株式会社　皓星社
発行者　晴山生菜
〒101-0051 東京都千代田区神田神保町
3-10 宝栄ビル6階
TEL：03-6272-9330　FAX：03-6272-9921
Mail：book-order@libro-koseisha.co.jp
ウェブサイト　http://www.libro-koseisha.co.jp

装　幀　藤巻亮一
印刷・製本　精文堂印刷株式会社

乱丁・落丁本はお取替えいたします。
ISBN 978-4-7744-0718-0